PAUL LAMACHE

PAUL LAMACHE

PROFESSEUR AUX FACULTÉS DE STRASBOURG

ET DE GRENOBLE

L'UN DES FONDATEURS DE LA SOCIÉTÉ DE SAINT-VINCENT DE PAUL

(1810-1892)

PAR

PAUL ALLARD

PARIS

LIBRAIRIE VICTOR LECOFFRE

90, RUE BONAPARTE, 90

1893

AVANT-PROPOS

J'avais eu la pensée d'intituler ce livre : Un grand Chrétien inconnu. *Je ne l'ai pas fait, craignant de manquer de respect à la mémoire de M. Lamache, dont une des vertus préférées fut l'humilité. Mais peut-être ceux qui liront ces pages s'étonneront-ils qu'un homme d'une aussi haute valeur n'ait pas été plus connu.*

Le nom de M. Lamache, à peu près oublié de la génération présente, n'a réveillé un peu d'écho et ranimé quelques souvenirs qu'à la nouvelle de sa mort. Les journaux s'empressèrent de raconter alors la part prise par lui à la création de la Société de Saint-Vincent de Paul. Il fut, en effet, le dernier survivant des fondateurs de cette grande et populaire association de charité. M. Lamache n'aimait pas qu'on le lui rappelât, ni surtout qu'on le rap-

pelât au public, étant de ceux qui ne veulent pas recevoir leur récompense en ce monde. Il n'était pas moins attentif à taire la part qu'il avait eue, dans sa jeunesse, aux efforts tentés, vers le milieu de ce siècle, en faveur des grandes causes qui passionnaient alors les âmes. Le premier, cependant, parmi les catholiques français, il avait fait campagne contre l'esclavage colonial. Quand s'ouvrit la lutte pour la liberté de l'enseignement, il y prêta un actif et puissant concours. On le vit, à la même époque, défendre de sa plume vaillante un ordre religieux menacé par l'intrigue et calomnié par l'histoire. Ami et collaborateur des plus illustres champions de la liberté religieuse, M. Lamache se montra digne d'eux, non seulement par le cœur, mais aussi par l'intelligence et le talent. S'il parut toujours combattre au second rang, cela tient peut-être aux circonstances plutôt qu'à une inégalité de mérites. Ou je me trompe fort, ou tel sera le jugement que l'on portera de lui, après avoir lu les citations de ses écrits, et surtout de ses lettres, qui vont faire presque toute la trame de ce récit.

La seconde moitié de la vie de M. Lamache fut moins militante. Les calmes labeurs de l'enseignement du droit la remplirent. Mais la guerre, en transportant brusquement de Strasbourg à Gre-

noble la chaire du professeur, ouvrit en même temps dans le cœur du patriote, Normand de naissance, mais Alsacien d'adoption, une inguérissable blessure. Les hommes de sa génération ne se résignaient pas facilement aux victoires de la force et aux défaites de l'idée, que celle-ci s'appelât patrie ou religion. La politique antichrétienne de la troisième République aggrava encore ses douleurs. Non seulement il leur donna libre cours dans sa vaste correspondance, mais encore il se crut obligé de protester plus d'une fois, par ses publications, et même dans sa chaire, contre des lois ou des actes dans lesquels il voyait une atteinte au droit. Sous la robe du professeur, l'ami d'Ozanam, le compagnon d'armes de Lacordaire et de Montalembert se reconnaissait toujours. Il est telle lettre écrite par M. Lamache à plus de quatre-vingts ans, dans laquelle on retrouve les ardeurs et même le style de sa jeunesse. Surtout, on retrouve toujours et dans ses écrits, et dans ses actions, le disciple de saint Vincent de Paul : ses dernières pensées, ses dernières paroles, ses derniers travaux furent pour la chère Société dont il avait tant aidé la fondation, et pour toutes les œuvres charitables qui en multiplient jusqu'à nos jours l'esprit et les bienfaits. En ceci encore, la seconde partie de la vie de M. La-

mache se relie sans interruption et sans dissonance
à la première.

J'ai essayé de raconter cette belle vie, ou plutôt
je l'ai laissée se raconter elle-même. L'amitié d'enfance qui unit mon père et M. Lamache avait mis
dans mes mains une partie considérable de sa correspondance : la confiance de sa famille et de plusieurs
de ses amis y a joint de précieux documents. Je n'ai
point fait autre chose que de les mettre en œuvre.
C'est M. Lamache seul qui parlera dans ces pages.
« On est tout étonné et ravi, a dit Pascal, lorsque
au lieu d'un livre, on rencontre un homme. » Je n'ai
rien négligé pour que le lecteur éprouve cette ravis-
sante et forte impression.

Rouen, 27 avril 1893.

1

La famille. — L'écolier

Paul Lamache naquit à Saint-Pierre-Église, chef-lieu de canton du département de la Manche, le 18 juillet 1810.

Il descendait d'une de ces anciennes familles de noblesse rurale qui étaient si nombreuses en Basse Normandie, et par leurs vertus, par leur attachement au sol natal, par la simplicité de leurs mœurs, rachetaient en partie les vices et les prodigalités de cette brillante noblesse de cour, d'après laquelle les esprits superficiels jugent trop souvent toute l'aristocratie de l'ancien régime. Le berceau des Lamache, était à Clitourps, à peu de distance de Saint-Pierre-Église. Plusieurs occupèrent des fonctions publiques, mais presque toujours dans la province, et en s'éloignant peu de leur lieu d'origine. Un grand nombre furent prêtres ou

1

religieux. On cite ce fait assez singulier, que la paroisse de la Pernelle eut sans interruption, pendant plus d'un siècle, des Lamache pour curés.

La Révolution ruina presque entièrement la famille, ou du moins la branche à laquelle appartient Paul Lamache. Mais elle donna en même temps à son aïeul l'occasion de servir la religion proscrite. Dans la petite maison patrimoniale de Saint-Pierre-Église, on cacha des prêtres : le reliquaire qui ornait l'autel où ils disaient la messe existe encore. Il en fut de même à Théville, chez les Vastel, ancêtres maternels de Paul Lamache. Comme beaucoup de familles appartenant à la petite noblesse ou au tiers-état rural, ceux-ci avaient pour résidence une assez vaste habitation, entourée de bâtiments accessoires, et de terres qu'ils exploitaient. Des prêtres insermentés y reçurent asile, et célébrèrent souvent le saint sacrifice dans une des chambres de la maison, en présence de tous ses habitants, et des enfants eux-mêmes, qui dans ces temps difficiles avaient de bonne heure appris à garder un se-

cret. Mais, malgré toutes les précautions,
M. Vastel courut plus d'une fois de grands périls : il était connu non seulement comme un
fervent catholique, mais aussi comme un ar-
dent royaliste : on l'accusa d'être de conni-
vence avec les chouans ; une foule de « pa-
triotes » assiégea un jour sa maison, la cri-
blant de coups de fusil, et demandant la tête
du courageux propriétaire.

Le père de Paul Lamache fut chirurgien
major de la marine sous l'Empire ; il prit
sa retraite en 1816, pour se fixer dans sa
ville natale, à Saint-Pierre-Église : il en devint maire, et reçut du gouvernement de la
Restauration la croix de Saint-Louis. De son
mariage avec Suzanne Vastel naquirent cinq
enfants, trois fils et deux filles. Fidèles aux
traditions des deux familles, M. et Mme Lamache étaient d'une piété profonde : on voit,
par leurs lettres et par celles de leurs enfants,
qu'en s'imposant, malgré la médiocrité de leur
fortune, de lourds sacrifices pour assurer à
ceux-ci une éducation soignée, ils se préoccu-
paient moins encore de leur avenir temporel

que de leur persévérance dans la foi et dans la vertu. M. Lamache eût désiré avoir un fils magistrat, un autre prêtre, et un troisième militaire. Ce désir ne fut réalisé qu'en partie. L'aîné des fils, Charles, se sentit attiré vers la médecine, qui avait été la carrière paternelle, et devint médecin en chef des hôpitaux à Cherbourg ; le second, Jérôme, se fit prêtre, et fut missionnaire à la Guadeloupe, avant de devenir premier aumônier du cimetière du Père La Chaise, à Paris ; le troisième, Paul, remplit à peu près aussi le vœu de son père, puisque, s'il n'appliqua pas le droit comme magistrat, il l'enseigna pendant trente années comme professeur. Des deux sœurs, l'une, Virginie, se dévoua au soin des pauvres et des malades dans l'ordre de Saint Thomas de Villeneuve ; l'autre, Justine, resta dans le monde sans se marier, et consacra toute sa vie au service des siens.

Charles et Jérôme Lamache firent leurs études chez les Jésuites, à Saint-Acheul ; Paul obtint une bourse au collège de Rouen. On s'étonnera peut-être que des parents aussi

soucieux d'élever chrétiennement leurs fils
aient accepté pour l'un d'eux l'éducation universitaire; mais il faut se souvenir que celle-ci
était alors donnée par des maîtres dont beaucoup étaient sincèrement religieux, dont tous
étaient astreints à respecter scrupuleusement
dans leurs leçons les dogmes et la morale du
christianisme. L'Université possédait même
des instituteurs d'une foi ardente et commu-
nicative, parfois revêtus du caractère sacer-
dotal, comme le professeur de philosophie du
collège de Lyon, l'abbé Noirot, que M. Cousin
appelait « le premier professeur de France, »
et qui eut une si grande influence sur la forma-
tion religieuse d'hommes tels qu'Ozanam, Blanc
de Saint-Bonnet, Victor de Laprade. Sans
compter, en 1820, des maîtres aussi éminents,
le collège de Rouen avait à sa tête un proviseur
qui était le modèle des éducateurs chrétiens,
M. Faucon. Non seulement il veillait soigneu-
sement à la religion et aux mœurs de ses élèves,
mais encore, avec une sollicitude presque
paternelle, il s'efforçait de mettre en rapports
et de lier entre eux ceux qu'il voyait animés

d'un sincère amour pour le bien. Il les suivait même après le collège, leur donnant d'utiles conseils pour le choix d'une carrière, s'efforçant de leur signaler les écueils contre lesquels pourrait se briser leur foi ou leur vertu. L'influence du proviseur était secondée par celle des aumôniers, l'abbé Olivier, qui fut le premier confesseur de Paul Lamache, et surtout l'abbé Lemaître, qui devait être le guide sûr et toujours écouté de son adolescence.

Cependant, malgré les soins de ces hommes excellents, le respect humain — cette plaie des maisons universitaires, éloquemment dénoncée par Lacordaire dans le mémoire qu'il rédigea à la fin de la Restauration au nom des aumôniers des collèges de Paris — exerçait aussi ses ravages au collège de Rouen. L'esprit frondeur qui, à cette époque, animait une partie de la bourgeoisie française, avait, dans bien des familles, passé des pères aux enfants. Beaucoup de ceux-ci tenaient à honneur de faire les esprit forts, et de molester ceux de leurs camarades qui voulaient observer fidèlement les pratiques de la religion. Un dimanche, de précoces impies résolurent d'empêcher les élèves chrétiens d'aller à la messe. Un billet lancé dans les études avertit quiconque s'y risquerait, qu'il aurait à passer entre une double haie de poings et de pieds vengeurs. Paul Lamache avait dix ans ; mais il n'était pas de ceux qui reculent : à aucune époque de sa vie la bataille ne lui fit peur. Il prit le billet, le lut tranquillement, puis écrivit au bas, de sa grosse écriture d'enfant : *J'y irai.* Il y alla en effet ; et, s'il reçut ou donna des coups de poing, on peut être sûr qu'il le fit de bon cœur. Ce fut sa première lutte pour la liberté religieuse.

Il semble bien que, jusqu'à la fin de ses études, il n'en eut pas d'autres à livrer. Ses lettres d'écolier sont remplies d'une piété touchante. On ne peut lire sans attendrissement celle qu'il écrivit peu de jours avant sa première communion, à laquelle l'éloignement ne permettra pas au père et à la mère d'assister. L'enfant comprend dès lors toutes les privations que s'imposent pour lui des parents peu fortunés, et, s'il travaille avec une ardeur infatigable, conquérant presque toujours les premières places, c'est dans l'espoir de leur rendre dans la vieillesse les services qu'il reçoit d'eux, et surtout d'aider ses sœurs, pour lesquelles il montre une tendre affection. A mesure qu'il avance en âge, le ton de sa correspondance s'élève, et il est telle lettre, adressée à son frère Charles, alors étudiant à Paris, qui par la gravité du langage, par la hauteur et la pureté des sentiments, par la profondeur des convictions religieuses, semble d'un homme mûr plutôt que d'un collégien de seize ou dix-sept ans. A ce frère bien aimé il ouvre son âme en toute confiance ; il lui laisse voir la mélancolie qui l'envahissait quelquefois, la disproportion entre les rêves où s'est complu longtemps sa vive imagination et la réalité qu'il voit maintenant de plus près ; il lui redit les sages conseils par lesquels l'abbé Lemaître s'efforce de combattre ces premiers désenchantements ; mais il conclut, comme il fera toute sa vie, par l'acceptation résignée de son sort, qui, après tout, est préférable à bien d'autres, et par le devoir d'immoler toutes les répugnances au travail, seul moyen d'assurer le bien-être de ceux qu'il aime.

L'assiduité au travail, la conduite irréprochable de Paul Lamache, la franchise de sa piété, lui acquirent au collège beaucoup d'amis. Il suffisait parfois de le voir, de l'entendre causer, pour se donner à lui. Un étudiant en médecine, de passage à Rouen, étant venu le visiter de la part d'un de leurs amis communs, séminariste à Issy : « Ce fut pour lui, écrit Paul Lamache à son frère, une joie extrême de rencontrer ce qu'il appelle un chrétien ; nous ne nous sommes vus qu'une heure, et nous sommes déjà amis (1). » Plus d'une mère, approuvée du bon proviseur, rechercha cette amitié pour son fils. Aussi, les jours de sortie, Paul Lamache était-il souvent invité chez les parents de ses camarades. On s'efforçait par mille prévenances de le consoler de la famille absente. Il portait dans le monde la simplicité et la spontanéité de sa nature, que nulle convention ne déforma jamais. J'en trouve une

1. Lettre du 1er octobre 1826.

preuve, entre bien d'autres, dans ce joli récit d'une de ses lettres à ses parents. Le ton est légèrement emphatique ; mais il ne faut pas oublier que l'écrivain a dix-sept ans, et que nous sommes en 1827 :

« Dimanche dernier, les parents d'un de ces camarades dont je vous ai déjà parlé ont demandé à M. le proviseur la liberté de m'emmener dîner chez eux. Je me suis trouvé à table avec M. Bérat, notre maître de dessin au collège (1). Il est renommé dans toute la ville par sa gaieté et ses saillies, surtout par le talent avec lequel il chante divers morceaux de sa composition, en s'accompagnant sur la guitare. Après le dîner, il a joué plusieurs de ces airs. Je suis extrêmement sensible au charme de la musique : aussi M. Bérat, qui pince la guitare avec un talent merveilleux, puisqu'il imite avec ce seul instrument tous les instruments qu'il veut, m'eut-il bientôt mis hors de moi-même. Il chanta d'abord des choses si comiques, que je fus obligé de sortir, tant j'étouf-

---

1. Caricaturiste et chansonnier, auteur d'une romance encore populaire, *Ma Normandie.*

fais de rire. Il joua ensuite un air martial ;
alors vous m'eussiez vu trépigner, m'agiter sur
ma chaise. M. Bérat sentit que j'avais besoin
d'être calmé. Il prit un mode plus doux. Il nous
chanta une petite pièce intitulée : *Les bords de
la Seine.* Sa nourrice et ses vieux parents
demeurent sur les bords de la Seine ; il va les
y voir tous les ans ; et c'est dans une de ces
petites vacances pleines de charmes pour lui
qu'il composa sa romance. Elle était si touchante, M. Bérat mit tant d'expression et de
sentiment dans ses chants, que tout à coup
mon espèce d'emportement fit place à une
douce émotion. Les images qu'il présentait
me firent songer aux lieux de mon enfance,
à ma nourrice Bonotte, à vous surtout, ô
mes sœurs, ô mes parents, ô mes frères ! Les
larmes me vinrent aux yeux : « Monsieur, lui
dis-je, comment pouvez-vous si bien trouver le chemin du cœur ? » et au même instant,
par un mouvement involontaire, je lui sautai
au cou et l'embrassai de toutes mes forces ;
toute la compagnie était si attendrie, que, loin
de trouver ma démarche inconvenante, tout le

monde l'imita, et par dessus le marché tout le monde m'embrassa (1)... »

Le nom de ses amis de collège revient souvent dans les lettres de Paul Lamache : le plus connu de tous est l'historien Chéruel. Ils étaient « élèves de la même classe, et rivaux (2). » Cette rivalité de travail et de succès fut sans doute ce qui les lia intimement. « La bonté de ses parents à mon égard, écrivait à quatre-vingts ans M. Lamache, avait établi entre leur fils et moi des relations quasi fraternelles. Je passais les jours de sortie et les vacances de Pâques chez eux, dans une grande maison avec jardin qu'ils possédaient rue Martainville (3). » De son côté Chéruel, à la fin de sa vie, rappelait à Lamache leurs communes impressions d'enfance : il lui parlait encore, avec une tendre reconnaissance, « du vénérable M. Faucon et de l'excellent abbé Lemaître. C'est à eux, après ma mère, — ajoutait le savant membre de l'Institut, — que

1. Lettre du 27 mai 1827.
2. Lettre du 6 mai 1891.
3. Ibid.

je dois l'inappréciable bienfait d'une éducation chrétienne. » Bienfait inappréciable, en effet, pour tous deux, car Chéruel, après une éclipse momentanée, retrouva, dans la force de l'âge et la pleine vigueur de la pensée, la lumière de la foi, et chez Lamache elle ne cessa de grandir, sans s'être obscurcie jamais.

Les deux amis durent se séparer avant la fin de leurs études. Lamache, se croyant destiné à l'Ecole polytechnique, compléta ses humanités par une année de mathématiques spéciales : Chéruel, à la suite d'un brillant concours, entra à l'Ecole normale, où se décida sa vocation d'historien, mais où, à d'autres égards encore, « son maître Michelet déteignit sur lui, » selon l'expression de Lamache (1). Celui-ci, qui venait de remporter en mathématiques spéciales le prix d'excellence, à l'examen pour l'admission à l'Ecole polytechnique « se sentit tellement troublé, raconte-t-il, par la pensée des difficultés que la vie lui offrirait s'il venait à échouer », qu'il échoua en effet. Son âge lui permettait de tenter une

1. Lettre du 6 mai 1891.

nouvelle épreuve, mais les conseils de M. Faucon le détournèrent de se présenter de nouveau soit à l'Ecole polytechnique, soit à l'Ecole militaire. Les raisons que donne de ce conseil le proviseur, dans une lettre adressée au père de Paul Lamache, sont trop curieuses pour n'être pas indiquées : il craint que la foi de son élève ne coure des dangers « au milieu d'une réunion de jeunes gens où l'on n'ose manifester aucun sentiment religieux. » Telle était, en 1827, sous un gouvernement qui se glorifiait d'être le protecteur de l'Eglise, la puissance du respect humain ou d'une sorte de réaction anti-chrétienne dans ces Ecoles où, à l'heure présente, règne une si complète liberté religieuse! M. Faucon inclinerait plutôt vers l'Université la vocation encore hésitante du jeune Lamache. Le contraste avec l'époque présente est encore très curieux, et mérite d'être noté comme un trait d'histoire. « L'instruction publique au contraire, écrit le proviseur, exige une conduite très régulière, des mœurs pures, la connaissance et la pratique de la religion : elle est un sacerdoce que

l'on exerce auprès de la jeunesse, et l'on ne
peut acquérir de considération et de confiance
qu'en ayant toutes les qualités et toutes les
vertus que demandent de si importantes fonctions. » A cette lettre étaient ajoutées quelques lignes, adressées à Paul Lamache; le proviseur, convaincu qu'il a définitivement choisi
l'instruction publique, l'en félicite, et ajoute :
« Les résolutions que vous avez prises pour
régler votre conduite l'année prochaine sont
pour moi un nouveau motif de joie; je vous
engage instamment, mon cher ami, à vous y
affermir de plus en plus. Nous sommes tous
bien faibles, mon cher enfant; ne comptons
pas sur nos forces pour persévérer dans le
bien. Notre cœur est inconstant, nous devons
être en garde contre ses vicissitudes; mais,
pleins d'une humble défiance de nous-mêmes,
recourons souvent au bon Dieu. C'est de lui
que nous devons attendre le courage et le
secours nécessaires pour vaincre tous les
obstacles que l'on rencontre dans la pratique
de la vertu, et surtout pour étouffer le respect
humain. Adressons-nous à lui, et demandons-

lui les grâces dont nous avons tant besoin. »

On comprend que, présentée par un tel maître, la carrière de l'enseignement universitaire n'ait eu rien qui répugnât aux sentiments chrétiens de Paul Lamache : cependant sa vocation, tournée pendant quelque temps de ce côté, n'y persévéra pas. Il se sentit plutôt appelé vers les sciences juridiques et les carrières dont elles ouvrent l'accès, et vint à Paris, pour y faire son droit, en novembre 1830.

II

L'ÉTUDIANT. — FONDATION DE LA SOCIÉTÉ
DE SAINT-VINCENT DE PAUL.

Quand Paul Lamache entra dans la grande
ville, elle était encore émue des événements
qui avaient, si peu de temps auparavant, renversé un trône et mis les pavés en l'air. La
seconde partie de sa vie, cette période féconde
qui achemine l'étudiant vers l'homme fait,
coïncidait avec un changement dans les idées,
dans les institutions, dans les mœurs publiques,
qui, à le bien prendre, devait être plus favorable que nuisible à ses progrès. Il rencontrait,
dans la jeunesse au milieu de laquelle il était
appelé à vivre, une agitation intellectuelle, un
mouvement désordonné de sentiments et de
pensées, cent fois préférables au calme plat qui
sévit à d'autres époques : le moment d'ailleurs
était proche où il allait se trouver lui-même

parmi les conducteurs de cette jeunesse, ou du moins parmi ceux qui essayeraient de l'entraîner vers le catholicisme, en le lui montrant dégagé de toute solidarité politique, et uniquement occupé de Dieu, des âmes et des pauvres.

Les étudiants chrétiens que nous verrons tout à l'heure à l'œuvre acquirent d'autant plus d'influence sur les meilleurs de leurs camarades, qu'aucune des idées pour lesquelles se passionnaient alors ceux-ci ne les laissait indifférents. Il en fut en particulier ainsi de Paul Lamache. On a vu, par une petite scène racontée plus haut, combien il était sensible à la musique. Rien de ce qui touchait aux arts ne le trouvait froid. Aussi se laissa-t-il tout de suite entraîner par le mouvement qui, vers 1830, porta les imaginations les plus riches et les intelligences les plus généreuses à la défense de l'art national, encore méconnu par la routine ou défiguré par le vandalisme. Les pages enflammées de Victor Hugo, de Montalembert, comme les travaux de Vitet et d'Arcisse de Caumont, se reflètent dans le premier essai sorti de sa plume, un article sur *l'Art dans les édifices religieux au Moyen Age*, inséré en 1833 dans la *Revue Européenne*. Mais on jugera mieux encore de la candeur charmante et toute juvénile portée par Paul Lamache dans les études d'archéologie religieuse, en l'entendant raconter lui-même, avec beaucoup de verve, un piquant épisode de sa vie d'étudiant :

« Au temps où je faisais mon droit à Paris, je m'occupais quelque peu d'archéologie religieuse du moyen âge, et ma curiosité était particulièrement attirée par les *drôleries* d'interprétation difficile que l'on rencontre quelquefois parmi les bas-reliefs de nos vieilles églises. Or, visitant l'église de Saint-Germain-des-Prés, je remarquai, dans le chapiteau de la première colonne de droite, une sculpture de petite dimension et grossièrement incorrecte, mais où l'on pouvait reconnaître cependant deux bêtes, dont un taureau dans l'attitude la plus étrange. Image inattendue en un tel lieu ! Je ne devais pas admettre que les religieux bénédictins du xiie siècle eussent entendu représenter purement et simplement, dans leur église abbatiale, une scène de haras. Pour l'honneur des anciens moines, il me fallait chercher une idée religieuse cachée sous le grossier symbole ; il me fallait spiritualiser la bête immonde. Rêveur, le taureau bénédictin travaillant mon cerveau, j'arrive au haut de l'église, et là, inspectant les chapiteaux des colonnes qui entourent le chœur, j'y vois aussi représentées des bêtes, mais d'une tout autre espèce : des colombes becquetant des grappes de raisin. N'y avait-il pas une corrélation d'idées entre ces colombes du chœur et le taureau de la porte ? Je cherchais.... Tout à coup je me rappelle une description des mystères de Mithra que j'avais lue dans *Flavien ou Rome au désert*, roman historique de M. Guiraud, de l'Académie française. Il y était raconté que les aspirants à l'initiation, avant d'entrer dans le temple, faisaient une procession dans laquelle chacun d'eux avait le visage caché sous un masque de bête ; ils jetaient ces masques au moment de franchir le seuil sacré près duquel l'hiérophante les attendait pour les arroser d'eau lustrale. Ici l'allégorie est transparente : dignité de l'homme cachée, avilie par les grossiers instincts de la brute jusqu'à ce qu'il soit entré dans le sanctuaire où les enseignements divins lui seront révélés, où il sera régénéré par l'eau et par le sang de la purification. Le souvenir de cette lecture fut pour moi ou du moins me parut être un trait de lumière jeté sur les bêtes de la vieille église bénédictine. Elles exprimaient, mais plus complètement encore, une idée analogue à celle de la procession des mystères de Mithra. L'homme qui n'a fait que quelques pas dans la vie surnaturelle, qui n'est qu'à l'entrée de l'église, est dominé par le côté bestial de notre nature : c'est le taureau de la porte. Mais, après que l'homme s'est approché de la chaire d'où descend la parole évangélique, et que, s'avançant plus loin, il s'est agenouillé près du tabernacle où réside l'auteur de toute grâce et de tout don spirituel, oh! alors il devient la colombe mystique qui pourra s'élever vers la montagne sainte, portée sur les ailes de la foi et de l'amour. Quant aux grappes becquetées, elles représentent l'aliment eucharistique qui achève et maintient la transformation de l'âme.

« Je sortis de l'église très content de moi,
cela va sans dire, et admirant mon ingénieuse
explication. Quelques mois après, un bon bourgeois de la paroisse Saint-Germain-des-Prés,
que je connaissais, voulut bien m'inviter à
dîner. Le curé de la paroisse était un des convives. La chère fut fort bonne ; elle variait
avantageusement mon ordinaire d'étudiant,
mes dîners à dix-huit sous, restaurant Flico-
teaux, place Sorbonne. Quelques verres d'excellent vin dénouèrent si bien ma timidité de
jeune homme, qu'après le dîner j'osai m'approcher de M. le curé qui s'était isolé dans un
coin du salon pour déguster tranquillement son
moka, et, le regardant malicieusement, je lui
demandai s'il connaissait certain bas-relief or-
nementant la première colonne de son église, à
droite en entrant. M. le curé rougit légèrement
et me répondit, non sans quelque confusion :

— « Hélas ! oui, je le connais. C'est un vrai
scandale. Je ferai dès demain ce que j'aurais
dû faire plus tôt : je prierai messieurs les
marguilliers de faire plaquer trois ou quatre
truellées de plâtre sur cette indécence.

— « Monsieur le curé, je vous supplie de
en rien faire. Ce serait infliger une insulte
ax vénérables bénédictins et contrister les
chéologues. Veuillez considérer que ce bas-
lief, haut placé, de très petites dimensions,
un dessin confus et incorrect, n'existe vrai-
ent pas pour le public ; c'est à peine si, une
a deux fois par an, il attirera l'œil fureteur
e quelque archéologue. Enfin, ce bas-relief,
taureau de la porte a des liens de parenté
irituelle avec vos colombes du chœur ; ce
ureau est lui-même, pour qui sait le com-
endre, une bête édifiante, pieuse, qui nous
seigne l'humilité et nous engage à nous
ancer dans les voies de la spiritualité. »

« Le respectable curé était ébahi. Ses yeux
mblaient me demander si j'étais assez imper-
nent pour me moquer de lui. Mais ses traits
détendirent lorsque je lui proposai mon
terprétation des bêtes symboliques.

— « Monsieur, me dit-il après l'avoir en-
ndue, votre explication est plausible, et j'en
ais bien aise pour les bénédictins qui firent
u laissèrent placer ce taureau à l'entrée de

leur église. Apparemment, dans ce temps-là,
la pudeur était moins facile à effaroucher
qu'elle ne l'est aujourd'hui. Pensez donc! si ce
malheureux taureau venait à fixer les regards
ou l'attention d'une dévote, toutes les autres
seraient bientôt informées du fait. Le taureau
ferait le tour de la paroisse, et le curé ne
serait pas blanc. Tout ce que je peux vous
promettre, c'est d'ajourner les truellées de
plâtre; car, maintenant, la chose demande
réflexion (1). »

On prendra pour ce qu'elle vaut la conjec-
ture archéologique du jeune étudiant, à laquelle
lui-même n'attacha probablement pas, dans la
suite, beaucoup d'importance, mais que cependant il n'oublia jamais tout à fait, puisque la
lettre où il la raconte si spirituellement a été
écrite dans son extrême vieillesse. L'archéologie, du reste, ne fut jamais qu'une agréable
diversion dans une vie qui se partagea tout de
suite entre l'étude du droit et les travaux
d'histoire. Son second écrit, publié dans l'*Université catholique*, à peu près vers le même temps

1. Lettre du 11 mars 1892.

que celui dont nous avons donné le titre plus
haut, est une étude à la fois historique et juridique sur *le Duel judiciaire et les lois prohibi-
tires du duel privé*. A ces occupations sérieuses
vint se joindre bientôt l'exercice très actif de
la charité. Paul Lamache se trouva mêlé, quelque temps après son arrivée à Paris, au mouvement tout ensemble intellectuel et religieux
qui, vers 1832 et 1833, agitait un groupe d'étudiants catholiques, et devait aboutir à la fondation de la Société de Saint-Vincent de Paul
et à l'institution des Conférences de Notre-
Dame de Paris.

Ozanam, venu à Paris en 1831, était le chef
incontesté de ce groupe ; mais Lamache fut
un de ses plus dévoués lieutenants. Le nom de
l'étudiant normand paraît souvent dans la correspondance de l'étudiant lyonnais. Malgré la
différence de leurs pays d'origine, bien des circonstances les rapprochaient : tous deux fils
d'un médecin, tous deux frères d'un médecin
et d'un prêtre, tous deux surtout ayant hérité
des ancêtres et puisé dans une chrétienne éducation une foi profonde, active, prête à se tra-

duire en œuvres. Mais, plus que des ressem-
blances fortuites, une étroite affinité semble
avoir réuni leurs esprits. Malgré un rare talent
de parole, Lamache ne fut pas l'admirable orateur que devint Ozanam ; mais il y avait dans
son style (peut-être en a-t-on pu déjà juger)
une verve, un mouvement, une vie, qui sont
au premier rang des dons oratoires, et qui, chez
lui ainsi que chez Ozanam, provenaient d'une
source riche et généreuse, *ex abundantia cordis*.
En même temps, chez le robuste Bas-Normand
comme chez le frêle et maladif Lyonnais, sub-
sistait un fond secret de mélancolie, dont nous
avons trouvé plus d'une fois l'indication dans
ses lettres, et que Lamache ne parvint à dominer qu'à force d'activité et d'énergie. Quand je
compare à la correspondance publiée d'Ozanam
ce que je connais de celle de Lamache, je suis
frappé de trouver une similitude d'accent, des
signes de parenté intellectuelle et morale : les
deux voix ont souvent le même son. On comprend que les deux étudiants, aussi croyants
et aussi vertueux l'un que l'autre, se rencontrant
à l'École de Droit comme au pied des chaires

de la Sorbonne ou du Collège de France, se
soient naturellement rapprochés, et aient souvent mis leurs efforts en commun.

Ils faisaient partie de la conférence d'histoire,
fondée dans le local de l'ancienne *Société des
bonnes études*, et où de nombreux jeunes gens,
non seulement catholiques, mais voltairiens,
déistes, saint-simoniens, se livraient à des
luttes de paroles quelquefois fort animées,
mais toujours, nous apprend un témoin, fort
courtoises. On y discutait les idées mises alors
en mouvement par une littérature et même un
enseignement public de plus en plus affran-
chis du frein religieux. Dans la conférence
d'histoire, écrit Ozanam, « comme les catholiques sont égaux en nombre à ceux qui ne le
sont pas, et que, d'un autre côté, il apportent
plus d'ardeur, de zèle et d'assiduité, c'est toujours en leur faveur que la victoire intellectuelle se décide. Aussi, entre eux, franche et
intime cordialité : une sorte de fraternité
toute spéciale; avec les autres, toujours bienveillance et politesse. Nous sommes surtout
une dizaine unis plus étroitement encore par

les liens de l'esprit et du cœur, espèce de che-
valerie littéraire, amis dévoués qui n'ont rien
de secret, qui s'ouvrent leur âme pour se dire
tour à tour leurs joies, leurs espérances, leurs
tristesses (1). » Lamache, qui fut admis dans
la conférence à la fin de 1832, est un de ceux-
là. Les réunions se tenaient place de l'Estra-
pade, à deux pas de l'Ecole de Droit. En sortant, on traversait la place du Panthéon, et
souvent les causeries s'y prolongeaient. « Quelquefois, écrit encore Ozanam, lorsque l'air
était plus pur et la brise plus douce, aux
rayons de la lune qui glissaient sur le dôme
majestueux du Panthéon, en présence de cet
édifice qui semble s'élancer au ciel et auquel
on a ôté sa croix comme pour briser son élan,
le sergent de ville, l'œil inquiet, a pu voir six
ou huit jeunes gens, les bras entrelacés, se
promener de longues heures sur la place solitaire : leur front était serein, leur démarche
paisible, leurs paroles pleines d'enthousiasme,
de sensibilité, de consolation; ils se disaient
bien des choses de la terre et du ciel, ils se

1. *Lettres de Frédéric Ozanam*, t. I, p. 77.

acontaient bien des pensées généreuses, bien
les souvenirs pieux; ils parlaient de Dieu,
puis de leurs pères, puis aussi de leurs amis
restés au foyer domestique, puis de la patrie,
puis de l'humanité. Le Parisien stupide qui les
coudoyait en courant à ses plaisirs ne comprenait point leur langage : c'était une langue
morte, que peu de gens connaissent ici (1). »

Peut-être cette langue n'était-elle pas aussi
morte que le dit Ozanam. Elle avait son écho
dans le salon de M. de Montalembert, qui,
alors dans tout l'éclat de sa jeune gloire,
recevait chaque semaine, et où les étudiants
catholiques étaient assurés de trouver bon
accueil. Lamache y alla souvent, comme Ozanam, et put y rencontrer quelques-uns de
leurs plus célèbres contemporains, des hommes
politiques et des littérateurs, des savants un
peu nébuleux comme Ballanche et le baron
d'Eckstein, des poètes comme Alfred de Vigny
ou même Sainte-Beuve, qui, destiné à traverser tous les mondes, visitait alors le monde
catholique, des adversaires intellectuels comme

1. *Ibid.*, p. 78

Lerminier, des rêveurs sincèrement touchés
des misères du peuple comme Considérant.
Ces réunions, où ils écoutaient plus qu'ils ne
parlaient, étaient bien pour ces jeunes gens,
comme l'écrit l'un d'eux, « une autre source
de vie » ; mais c'était surtout la conférence
d'histoire qui occupait leurs pensées. Là, ils
n'étaient pas auditeurs seulement, mais ils se
sentaient chargés de défendre leur foi, de
soutenir de leur éloquence et de leur savoir
l'honneur d'une Église qui leur était d'autant
plus chère qu'elle était plus attaquée. Le sentiment de la responsabilité qu'ils avaient prise
les effrayait légitimement. Il était arrivé que,
lors de discussions soulevées à l'improviste,
les champions du christianisme avaient moins
bien parlé qu'ils n'eussent voulu, parce qu'ils
n'étaient pas suffisamment préparés. « Frappés
de ces inconvénients, Ozanam et ses amis con-
çurent le projet d'établir entre eux, dans les
intervalles des séances de la conférence d'histoire, des réunions préparatoires où chacun
prendrait connaissance des sujets que ses collègues se proposaient de traiter. On pourrait

ainsi les étudier d'avance, et porter ensuite la parole avec plus de chances d'éclat et de succès. Une commission composée d'Ozanam, Lamache et Lallier fut chargée d'examiner ce projet et les moyens de le réaliser. Cette commission se réunit presque immédiatement chez Lamache, rue et hôtel Corneille. Mais la première séance se passa en conversations, et n'amena aucun résultat pratique (1). »

C'est alors qu'un autre des membres de la conférence d'histoire, étudiant en droit de seconde année, comme Lamache, et normand comme lui, proposa une idée nouvelle. M. Le Taillandier, né le 28 juillet 1811 à Rouen, où il a laissé un nom respecté, n'était pas un des brillants orateurs de la conférence : plus porté à réfléchir qu'à parler, il ne prenait jamais part aux discussions; mais son rare bon sens lui indiquait parfois des solutions pratiques, comme celle dont il s'ouvrit à Lallier, un jour qu'ils s'entretenaient des réunions préparatoires alors à l'étude. « J'aimerais mieux, dit-

1. *Origines de la Société de Saint-Vincent de Paul*, d'après les souvenirs de ses premiers membres, p. 7.

il, un autre genre de réunions, d'où les luttes
et les controverses seraient bannies, et qui ne
seraient composées que de jeunes gens chrétiens, s'occupant ensemble et uniquement de
bonnes œuvres. » Cette parole fut d'abord
reçue avec peu d'enthousiasme : elle allait
cependant porter ses fruits. A quelque temps
de là, une séance de la conférence d'histoire
eut lieu. Elle fut plus orageuse que de coutume. Ozanam dut y défendre la religion contre des attaques injustes et passionnées. Il
sortit profondément triste. S'adressant à
Lamache et à quelques autres :

« Combien il est douloureux, leur dit-il, de
voir le catholicisme, de voir notre sainte mère
l'Église ainsi attaqués, travestis, calomniés!
Restons sur la brèche pour faire face aux
attaques. Mais n'éprouvez-vous pas comme
moi le désir, le besoin d'avoir, en dehors de
cette conférence militante, une autre réunion
composée exclusivement d'amis chrétiens, et
toute consacrée à la charité? Ne vous semble-t-il pas qu'il est temps de joindre l'action

la parole, et d'affirmer par les œuvres la
italité de notre foi? »

« A près d'un demi-siècle de distance, —
crit M. Lamache, résumant ses souvenirs
ersonnels, — cette petite scène est toute
résente à la mémoire de l'un de ceux à qui
Ozanam s'adressait. Il lui semble voir les yeux
l'Ozanam, chargés de tristesse, mais en même
emps pleins de feu et d'ardeur; il lui semble
entendre cette voix, légèrement tremblante,
qui décelait l'émotion profonde de l'âme.
Quand le petit groupe se sépara, chaque membre emportait au cœur le trait enflammé que
Notre-Seigneur Jésus-Christ venait d'y faire
entrer par la parole du jeune étudiant (1). »

Je n'ai pas à raconter ici les origines de la
Société de Saint-Vincent de Paul; elles ont été
expliquées, avec la simplicité la plus émouvante,
dans une notice où les trois derniers survivants
de ses fondateurs mirent en commun leurs souvenirs et à la rédaction de laquelle (on l'a vu
par la citation qui vient d'être faite) Lamache

1. *Origines de la Société de Saint-Vincent de Paul*, p. 8.

cut une grande part. Disons seulement que, en
mai 1833, l'idée suggérée par Le Taillandier
avait reçu son exécution. Une conférence de
charité s'était réunie aux bureaux de la *Tribune catholique*, à laquelle collaboraient Ozanam, Lamache et plusieurs de leurs amis :
cette conférence comprenait, outre le respectable M. Bailly, qui avait été l'un des direc-
teurs de la *Société des bonnes études* et était
demeuré l'un des conseillers de la jeunesse
catholique, quatre étudiants en droit, Paul
Lamache, Félix Clavé, Auguste Le Taillandier,
Frédéric Ozanam, François Lallier, et un étudiant en médecine, Jules Devaux. On se mit
tout de suite sous l'invocation de saint Vincent
de Paul. Il fut décidé que les réunions seraient
hebdomadaires, et que la conférence ne cher-
cherait pas d'autres ressources que la quête
faite après chaque séance. La sœur Rosalie, si
populaire dans le XIIe arrondissement, se
chargea de fournir les bons de pain ou de
vêtements, et, chose plus nécessaire encore,
des familles pauvres appelées à les recevoir.
A la rentrée de 1833, le nombre des membres

lcvait déjà à vingt-cinq. En 1834, il dépas-
it déjà la centaine. On dut alors, non sans
gret, se fractionner, et, en 1835, la confé-
nce eut à Paris des sections dans quatre
iartiers. La Société de Saint-Vincent de Paul
ait fondée. En 1837, elle comptait quatre
nférences en province. Aujourd'hui, elle
uvre le monde, et, véritable grain de sénevé
e l'Evangile, elle étend sous tous les cieux
s rameaux de la charité catholique.

La sincère humilité de ses fondateurs
avait pas rêvé ce succès. Ils travaillaient au
ulagement des pauvres et à leur propre sanc-
fication, sans avoir l'idée que, par leurs mains,
ieu ferait une œuvre universelle. A vrai
ire, écrit M. Lamache dans une lettre intime,
personne, pas même Ozanam, celui d'entre
ous qui avait sans contredit le plus d'initiative
t de zèle, ne peut recevoir la qualification de
ondateur de la Société de Saint-Vincent de
aul. Nous étions mus uniquement par le
entiment de notre faiblesse, par le désir de
ous prêter un amical et fraternel appui dans
a pratique du bien, et, après avoir combattu

de la plume et de la langue dans la conférenc
d'histoire pour la défense de la religion, nou
éprouvions le besoin de nous retremper, d
nous fortifier, de nous consoler en nou
livrant à quelques petites bonnes œuvres pou
l'amour de Notre-Seigneur Jésus-Christ. L
pensée que notre petite réunion pût jamai
devenir une grande société était si loin d
nous, que vous avez pu remarquer, en lisan
la notice, quelle difficulté nous fîmes d'élargi
notre petit cercle intime et originaire pour
admettre un nouveau membre. C'est donc l
bon Dieu, le bon Dieu tout seul, qui a tou
fait, et c'est précisément pourquoi il y a lieu
de penser que la Société de Saint-Vincent de
Paul durera (1). » Toute sa vie, M. Lamache
est resté fidèle à ces sentiments : la crainte de
recevoir des témoignages de respect et de
reconnaissance que son humilité repoussait
l'empêcha de venir à Paris à l'occasion de la
célébration des noces d'or de la Société de
Saint-Vincent de Paul.

1. Lettre citée dans le *Monde*, 4 août 1892.

III

L'ÉTUDIANT (*suite*). — L'ÉTABLISSEMENT DES CONFÉRENCES DE NOTRE-DAME DE PARIS.

Cependant la visite des pauvres ne suffisait pas au zèle des jeunes gens qui s'étaient groupés dans la première conférence de charité. Ils se sentaient tourmentés d'un véritable désir d'apostolat. Un des membres de la conférence, Leprevost, eut une pensée délicate. Il existait alors, dans le quartier des Écoles, une maison de correction pour les jeunes détenus. Certes, c'étaient là des pauvres aussi, car à la souffrance matérielle ils joignaient la détresse morale, l'indigence de l'esprit et du cœur. En certains pays, l'entrée des établissements pénitentiaires est libre pour quiconque entreprend d'y venir parler de l'âme et de Dieu; mais, dans notre France où la liberté du bien se heurte à chaque

pas aux entraves d'une centralisation malfai-
sante, une autorisation est indispensable pour
faire à des prisonniers l'aumône spirituelle.
Heureusement le tribunal civil avait à sa tête
un magistrat bienveillant, M. de Belleyme, qui
s'empressa de l'accorder. On était à la fin de
juillet 1834. L'œuvre de moralisation des
jeunes détenus fut immédiatement tentée.
Leprevost, Ozanam, Le Taillandier, Lamache,
s'y consacrèrent spécialement, sans que leurs
efforts aient malheureusement produit beaucoup de résultats. Voici ce que dit Lamache,
dans le rapport général qu'il présenta, en 1842,
à la Société de Saint-Vincent de Paul :

« Chez la plupart de ces pauvres enfants, ils
trouvèrent une ignorance complète des notions
élémentaires de la religion, chez quelques-uns
une impiété déjà raffinée ; ils virent là de ces
prodiges dont Paris a le triste privilège : des
athées de quinze ans, qui possèdent à merveille
leurs philosophes, et qui répondent à une question de catéchisme par une plaisanterie de Vol-
taire. Malgré le peu de consolation offerte aux
membres de la conférence qui allaient, chaque

semaine, s'enfermer dans ce lazaret moral, ils ont continué leurs leçons pendant plus de deux années, jusqu'au jour où les jeunes détenus ont été transférés de la rue des Grès dans la prison des Madelonnettes, à une autre extré-mité de Paris (1). »

Lamache se trouva mêlé à une touchante manifestation de la foi religieuse, dont Ozanam a laissé le récit, dans une lettre charmante adressée à sa mère. Ici encore, je n'ai qu'à citer : combien aimables sont ces citations, et que de belles âmes elles révèlent !

« Vous savez — écrit-il — qu'à Paris comme à Lyon, mais pour des motifs beaucoup plus plausibles, les processions sont interdites ; mais, parce qu'il plaît à quelques perturba-teurs de parquer le catholicisme dans ses tem-ples au sein des grandes villes, ce n'est pas une raison, pour de jeunes chrétiens à qui Dieu a donné une âme un peu virile, de se priver des plus touchantes cérémonies de leur religion. Aussi s'en est-il trouvé quelques-uns qui avaient songé à prendre part à la procession de

1. *Origines de la Société de Saint-Vincent de Paul*, p. 21.

Nanterre, Nanterre, paisible village, patrie de
la bonne sainte Geneviève.

« Le rendez-vous est donné un peu tard, il
est vrai, et seulement dans un petit cercle
d'amis. Le dimanche se lève serein et sans
nuages, comme si le ciel eût voulu le fêter de
ses pompes. Je pars de bon matin avec deux
amis, nous nous arrêtons pour déjeuner à la
barrière de l'Étoile, nous arrivons des premiers à l'humble rendez-vous. Peu à peu la
petite troupe se grossit, et bientôt nous nous
trouvons trente. D'abord toute l'aristocratie
intellectuelle de la conférence, Lallier, Lamache, dont je vous montrerai d'excellents travaux historiques, Cherruel, saint-simonien
converti (1), de la Noue, fils de l'ancien président de la cour royale de Tours, et qui fait de
si beaux vers ; puis M. Le Jouteux, des Langue-
dociens, des Francs-Comtois, des Normands et
des Lyonnais surtout ; et votre serviteur très
humble ; la plupart portant moustaches, cinq

1. M. Cherruel, dont il est ici question, n'a rien de commun
avec l'historien du même nom : il entra dans le clergé, et devint
vicaire général de Paris.

ou six comptant cinq pieds huit pouces. Nous
nous mêlons parmi les paysans qui suivent le
dais : c'est plaisir pour nous de coudoyer ces
braves gens, de chanter avec eux et de les voir
s'émerveiller de notre bonne tournure et s'édifier de notre religion. La procession était nom-
breuse et pleine d'une élégante simplicité,
toutes les maisons tendues, les chemins jon-
chés de fleurs : il y avait une foi, une piété
difficile à décrire ; de bons vieillards, qui
n'avaient pu suivre le cortège, l'attendaient au
passage : c'était principalement devant leurs
maisons que les reposoirs étaient dressés ; la
cérémonie dura près de deux heures. Ensuite
nous assistons à la grand'messe, où la foule
affluait jusqu'au dehors des portes de l'église. »

Au sortir du saint sacrifice, nos jeunes gens,
qui n'avaient pas peur de la fatigue (Lamache,
en particulier, était grand marcheur), allèrent,
au nombre de vingt-deux, dîner à Saint-Ger-
main-en-Laye. J'abrège à regret, car la description du dîner, sous la plume enjouée
l'Ozanam, est très amusante. « Nous repar-
tîmes, dit-il, à la fraîcheur du soir ; la lune ne

tarda pas à nous éclairer à travers les arbres ; c'était un délicieux moment. Nous avions rempli nos devoirs envers Dieu en lui rendant l'hommage qui lui était dû, envers nos frères en leur donnant un bon exemple, envers nous-mêmes en nous procurant un plaisir pur, en nous donnant un témoignage de réciproque amitié (1)... »

Le souvenir de cette journée, qu'Ozanam appelle « une des plus charmantes de sa vie, » ne fut pas oublié, et, en 1834, en 1835, en 1836, les membres de la conférence renouvelèrent cet acte de piété.

La plus grande œuvre à laquelle M. Lamache ait eu part, après la fondation de la Société de Saint-Vincent de Paul, fut l'établissement des conférences de Notre-Dame de Paris. Ce sera l'honneur de sa vie d'avoir été mêlé de si près à deux des événements les plus considérables et les plus bienfaisants de l'histoire religieuse de notre pays en ce siècle.

L'un et l'autre sortirent du même groupe de jeunes hommes et du même mouvement

1. *Lettres de Frédéric Ozanam*, t. I, p. 87.

d'idées. On apercevait la nécessité de rendre à la foi un témoignage nouveau. Dans l'ordre de l'action, il ne suffisait pas de se conserver soi-même honnête et pieux ; il fallait faire rayonner la religion au dehors, en allant au pauvre, en lui démontrant par la charité la vertu sociale de l'Evangile et le dévouement désintéressé de ses fidèles : dans l'ordre de la pensée, il était temps de parler aux âmes travaillées de désirs jadis inconnus, plus ignorantes peut-être, mais aussi plus exigeantes qu'autrefois, un langage qui pût se faire entendre du siècle, au risque de briser le moule traditionnel de l'ancienne apologétique. Ces pensées furent souvent l'entretien d'Ozanam et de ses amis. L'expérience parfois douloureuse qu'ils avaient acquise dans la fréquentation des cours publics ou dans les débats de la conférence d'histoire, le contact qu'ils avaient pris de beaucoup de jeunes esprits, leur faisaient sentir plus vivement ce qui manquait dans l'enseignement religieux tel qu'il était encore donné. Bossuet et Bourdaloue eux-mêmes, s'ils eussent vécu de nos jours, n'auraient pas tenu à leurs auditeurs le langage qui avait convenu aux contemporains de Louis XIV. Il y avait à tenter dans la chaire évangélique une révolution analogue à celle qu'avait faite Chateaubriand dans la littérature chrétienne. Ce n'était pas le cas de répéter le mot du poète :

Sur des pensers nouveaux faisons des vers antiques,

mais bien au contraire de trouver une forme nouvelle pour prêcher des vérités immuables ; ou plutôt de ces vérités immuables, au sein desquelles ont été déposées des forces divines d'appropriation à tous les temps et à tous les pays comme à toutes les âmes, il fallait discerner et mettre en lumière la face la plus en harmonie avec les besoins et les aspirations de l'époque agitée dans laquelle on vivait.

Dès la fin de 1832, une pétition, inspirée par ces idées, avait été présentée par Ozanam et deux de ses amis à l'archevêque de Paris, Mgr de Quélen : on demandait « un enseignement qui, sortant des limites que la chaire chrétienne semblait hésiter à franchir, prît corps à corps les adversaires de la foi en les suivant sur leur propre terrain et donnât réponse aux objections et aux attaques journellement reproduites dans la presse, à la tribune, dans les livres et jusque dans les cours publics (1). » L'année suivante, une nouvelle pétition, où les mêmes idées étaient exposées avec plus de force et d'ampleur, fut souscrite par deux cents jeunes gens des écoles : ils suppliaient l'archevêque d'instituer « des conférences où l'on ne se fût pas borné à entrer dans le détail des preuves de fait du christianisme, à démontrer l'authenticité de ses titres, à réfuter les objections vulgaires déjà tombées dans le mépris; mais où on l'eût développé dans toute sa grandeur, dans son hormonie avec les aptitudes et les besoins de l'individu et de la société. Là trouveraient leur place : une philosophie des sciences et des arts, qui nous découvrît dans le catholicisme la source de tout ce qui est vrai et de tout ce qui est beau, afin qu'à cette source chacun de nous vînt puiser, suivant ses forces et sa voca-

1. *Origines de la Société de Saint-Vincent de Paul,* p. 15.

3.

tion ; enfin une philosophie de la vie, qui, sondant les problèmes de la vie humaine, expliquât à l'homme son origine, dirigeât sa marche, et lui fît envisager sa fin (1). » Une députation, composée de trois des plus anciens membres de la conférence, Ozanam, Lallier et Lamache, fut choisie pour se faire, devant l'archevêque, l'interprète des vœux et des espérances de la jeunesse catholique.

Les trois délégués furent reçus, le 13 janvier 1834, dans la maison des Dames de Saint-Michel, rue Saint-Jacques, où Mgr de Quélen avait trouvé asile après le sac de l'archevêché. M. Lamache racontait plaisamment un jour la surprise qu'il ressentit à la vue des moelleux tapis et des beaux meubles qui garnissaient l'appartement de l'archevêque : avec sa naïveté de jeune homme, il avait pris à la lettre le langage des journaux, et s'imaginait trouver dans la simplicité et le dénûment de quelque cellule monastique le vénérable prélat chassé par l'émeute du palais de ses prédécesseurs. Les trois envoyés avaient été chargés par leurs

1. *Lettres de Frédéric Ozanam*, t. I, p. 100.

amis de demander que l'enseignement spécial, objet de la pétition, fût confié soit à l'abbé Lacordaire, qui n'avait pas encore commencé ses conférences du collège Stanislas, mais qui leur était connu par d'admirables articles de l'*Avenir* et par le procès de l'école libre, soit à l'abbé Bautain, dont ils appréciaient le talent et la sûreté d'exposition philosophique. Le plan de l'archevêque était tout autre : il avait fait choix de plusieurs prédicateurs, pris dans l'élite de son clergé, qui devraient successivement occuper la chaire de Notre-Dame les dimanches de carême, et y donner des prédications conformes aux vœux des pétitionnaires. Il y avait, au fond, un malentendu : Mgr de Quélen, homme d'autrefois, possédant toute la distinction et aussi toutes les vertus de l'ancien clergé, mais en gardant les timidités, avec la crainte des initiatives trop marquées, n'entendait répondre qu'à demi aux désirs d'une jeunesse qu'il jugeait sans doute trop ardente ou même téméraire. C'était un homme de 1804 répondant à des jeunes hommes de 1834 : on lui demandait Lacordaire, il offrait

la monnaie de M. de Frayssinous. Pendant que
la conversation se continuait sur ce sujet délicat, les délégués présentant respectueusement
leurs objections, le prélat persistant dans son
dessein, la porte du salon s'ouvrit, et l'on
annonça M. l'abbé de Lamennais. Laissons l'un
des témoins de cette scène en évoquer le souvenir. « Mgr de Quélen se leva aussitôt, courut au devant du visiteur, lui prit la main, et,
se tournant vers les jeunes gens : « — Voilà,
messieurs, leur dit-il, l'homme qui vous con-
viendrait. Si ses forces et sa voix lui permettaient
de se faire entendre, il faudrait ouvrir toutes
grandes les portes de la cathédrale, et elle ne
serait pas assez vaste pour contenir la foule
des auditeurs(1). » — « C'était la première fois,
— ajoute M. Lamache, dans une lettre, — ç'a
été l'unique que je me trouvais en présence
de M. de Lamennais. Je me rappelle cela
comme si c'était d'hier. Je vois M. de Lamennais assis en face de Mgr de Quélen, les deux
mains étendues sur ses jambes, le front in-
cliné ; puis, quand l'archevêque lui eut exprimé

1. *Origines de la Société de Saint-Vincent de Paul*, p. 16.

le **regret** que sa poitrine, sa voix ne fussent pas assez fortes pour qu'on pût lui confier les prédications de cathédrale, je le vois, levant ses grands yeux, chargés d'une indicible et amère tristesse : « — Oh! moi, Monseigneur, mon rôle est fini (1). » Il était bien fini, en effet, car (ce qu'on ignorait) les *Paroles d'un croyant* étaient imprimées, et à la veille de paraître. Les trois jeunes gens se levèrent, et prirent congé de l'archevêque.

Le lendemain, le récit de l'entrevue parut dans un journal. Ozanam et Lallier, après en avoir conféré avec Lamache, qui ne put se joindre à eux, allèrent porter à Mgr de Quélen leurs excuses d'une indiscrétion qu'ils déploraient. L'archevêque les reçut paternellement, et, réunissant leurs deux têtes dans une même étreinte, les embrassa ; puis il les mit en rapport avec les sept prédicateurs désignés, qui se trouvaient réunis dans le salon voisin. La conversation était devenue animée et presque bruyante, quand Mgr de Quélen rentra dans l'appartement. L'un des ecclésiastiques, qui

1. Lettre publiée dans le *Monde*, 4 août 1892.

avait discuté très vivement avec Ozanam, s'écria : « Monseigneur, Monseigneur, nous nous entendons parfaitement. — Si vous ne vous entendez pas, répliqua l'archevêque en souriant, on vous entend bien. » La vérité, c'est qu'on n'était pas d'accord, comme en témoigne un petit mémoire qu'Ozanam et Lallier rédigèrent en rentrant, pour exposer de nouveau leurs idées à Mgr de Quélen. L'expérience cependant fut faite à Notre-Dame pendant le carême de 1834, et ne réussit qu'à demi, malgré le talent de quelques-uns des prédicateurs (l'un d'eux était l'abbé Dupanloup).

Pendant le même carême, mais à des heures différentes, Lacordaire continuait les conférences qu'il avait inaugurées au mois de janvier — six jours après la démarche d'Ozanam, de Lamache et de Lallier — dans la chapelle du collège Stanislas. Sa parole neuve, hardie, personnelle, qui renouvelait tous les sujets, se jouait des difficultés, côtoyait parfois les abîmes, avec tous les bonheurs et tous les périls de l'improvisation, fut tout de suite un événe-

ment. La jeunesse y courut, cette catholique et
ardente jeunesse qui enfin trouvait l'orateur
qu'elle avait pressenti et demandé ; mais d'autres que des jeunes gens s'entassaient dans
l'étroite chapelle, et l'on pouvait y rencontrer
des hommes comme Chateaubriand, Lamar-
tine, Victor Hugo, Odilon Barrot ; on racontait
même que Berryer, arrivé trop tard, avait dû
un jour se faire apporter une échelle et entrer
par la fenêtre. Tant d'éclat n'allait pas sans
danger. Dans le monde ecclésiastique, des
défiances s'éveillèrent. On ne pouvait incrimi-
ner l'orthodoxie : on s'effraya des tendances.
Le monde officiel s'émut à son tour : cette
parole si vivante sembla près d'être révolutionnaire. Suspect de tous côtés, Lacordaire dut
interrompre ses conférences le 20 avril ; et
quand, au mois d'octobre, il demanda à l'archevêque l'autorisation de les reprendre, il ne
put l'obtenir qu'à des conditions que sa dignité
personnelle et la nature même de son talent ne
lui permettaient pas d'accepter.

La rénovation de l'apologétique chrétienne,
désirée par l'élite de la jeunesse, et pour laquelle

l'homme providentiel venait de se révéler, paraissait à jamais compromise. Mais c'est au moment même où tout semble perdu, que la Providence agit directement, comme pour nous apprendre que nous sommes tous des serviteurs inutiles, et que, même dans les œuvres les meilleures, rien ne se fait vraiment qui ne soit fait par elle. Au mois de janvier 1835, Lacordaire était reçu par Mgr de Quélen qui, sans préparation, lui faisait cette demande : « J'ai dessein de vous confier la chaire de Notre-Dame, l'accepterez-vous? » La réponse affirmative de Lacordaire fixa pour plus d'un demi-siècle les destinées du haut enseignement chrétien. La parole qui, depuis lors, n'a cessé de tomber de la chaire de Notre-Dame, devenue la tribune la plus retentissante du monde catholique, est bien celle qu'avaient rêvée Ozanam, Lamache et leurs amis : à la fois hardie et précise, se plaisant, avec le Père Lacordaire, aux vastes synthèses et aux généralités sublimes, entrant, avec le Père de Ravignan, dans les profondeurs intimes et tendres de la vie chrétienne, associant, avec le Père

Félix, l'idée de christianisme et celle de progrès, mettant à la portée de tous, avec le Père Monsabré, les grandes conceptions dogmatiques de saint Thomas, se jouant, avec Mgr d'Hulst, de la multitude des systèmes philosophiques, et y jetant le rayon vif et perçant de la raison chrétienne.

N'eussent-ils fait que cela dans leur vie, les jeunes gens dont les démarches opportunes et la courageuse persistance ont amené ce résultat, auraient bien mérité de l'Eglise.

IV

LA VIE A PARIS. — L'ÉCRIT SUR *l'Esclavage dans les colonies françaises*.

Ce zèle pour la religion, pour les âmes, n'eût été qu'un feu de paille, si de solides et sincères vertus ne lui avaient fourni un continuel aliment. Mais tel qu'il était dans ce qu'on pourrait, d'un mot un peu ambitieux, appeler sa vie publique, Paul Lamache le fut toujours dans sa vie intime. Bien des années plus tard, dans un élan de zèle et pour ramener un jeune homme au bien, il lui échappa d'avouer que, dans son enfance et toute sa jeunesse, il ne se rappelait avoir commis aucune faute mortelle. Sa piété, l'exquise pureté de ses mœurs, son horreur de toute dissimulation et de tout respect humain, le rendaient digne d'être associé par la Providence à tant d'œuvres utiles, pour lesquelles des cœurs de vertu médiocre auraient été de trop imparfaits instruments.

Quelques traits achèveront de le peindre à cette époque.

Pendant qu'il étudiait le droit à Paris, il avait pour intime ami le jeune de T..., dont la famille était d'ancienne date liée avec la sienne. Bon cœur, mais tête faible, cet ami menait une vie très dissipée, à laquelle les conseils et les exemples de Paul Lamache ne parvenaient pas à l'arracher. Un jour, le malheureux perdit au jeu une somme importante, et alla jusqu'à emprunter au concierge du cercle de l'argent, qu'il perdit encore. Comme il lui arrivait quand il avait fait quelque folie, il courut cacher sa honte dans la chambre de Paul Lamache. Ses gestes, ses paroles étaient d'un désespéré. Certes, le sage mentor près duquel il cherchait refuge eût eu un beau texte à moraliser : mais Paul Lamache n'était point parent du *magister* harangueur de La Fontaine, et ne demandait pas conseil à la fourmi chantée par le fabuliste. Il alla simplement ouvrir son secrétaire, renfermant toutes ses économies, un millier de francs gagnés par des travaux littéraires et par des répétitions de droit, et il

remit au malheureux de T... sa petite fortune.
Il lui faudra écrire bien des articles, donner
bien des leçons, pour la refaire : mais il aura
eu la consolation de sauver un ami du déshon-
neur, de préserver peut-être une âme des
funestes tentations du désespoir.

Des rapports littéraires et même, je crois, de
collaboration s'étaient établis entre Paul Lamache et un étranger de distinction, le prince
Metcherski, auteur des *Boréales*. Il était quelquefois invité chez celui-ci. Un jour, au
moment de se mettre à table, il se souvint
qu'on était au vendredi, et s'aperçut en même
temps que le dîner était servi en gras. Avec sa
franchise habituelle, il fit part de ses scrupules
à son noble amphitryon. Le prince, bien que
schismatique, fut touché de cette marque de
soumission à l'Eglise, et peut-être aussi de ce
courage, car il peut y avoir une sorte d'hé-
roïsme à s'affranchir du respect humain pour
se montrer, en certaines circonstances, fidèle à
ce genre de préceptes : aussitôt il donna l'ordre
de servir à son hôte des aliments maigres.

Malgré l'éloignement du toit paternel, Paul

Lamache n'était pas, à Paris, entièrement sevré des joies de la famille : ses deux sœurs vinrent successivement habiter à peu de distance de son domicile, dans le couvent des Dames de Saint-Thomas de Villeneuve. L'aînée y avait fait son noviciat ; la plus jeune y essaya de la vie religieuse, jusqu'à ce que des devoirs plus impérieux l'aient rappelée près des siens. Le voisinage de ces pieuses filles fut pour leur frère un précieux appui : il parle de l'une d'elles, en termes bien touchants, dans une lettre adressée à un ami, et où il se peint lui-même :

« Tu me demandes, bon ami, si je suis toujours aussi sujet à cette sotte mélancolie qui n'atteint que les âmes faibles, et dont un chrétien devrait rougir. Hélas ! oui, je le confesse à ma honte. L'amour du code et les beautés de la science ne suffisent point à un cœur de vingt-sept ans, et les distractions diverses, assez fréquentes même, que je me suis données cet hiver n'égaient que la surface de l'homme. Mon plus grand bonheur — et à la vérité celui-là est bien doux — consiste à voir une fois chaque semaine la plus jeune et la mieux aimée de mes deux sœurs, qui, suivant l'exemple de son aînée, est venue à Paris au noviciat des Dames de Saint Thomas de Villeneuve. Le service des malades et les pieux devoirs auxquels elle se livre n'exilent nullement de ses affections les membres de sa famille. Nous nous aimons plus tendrement que jamais, et j'ai souvent béni le bon Dieu de m'avoir fait trouver ainsi au sein de ma famille des affections si pures et des modèles si touchants de vertu, que ce m'est une forte et douce chaîne pour me lier au bien (1). »

Cette lettre est de 1838. A cette époque, Paul Lamache avait achevé son stage d'avocat. Il demanda au garde des sceaux une place de substitut.

Malgré de puissants appuis, tels que ceux de M. de Carné et de M. de Montalembert, il ne put obtenir l'emploi qu'il désirait. On lui fit entrevoir une place dans la magistrature coloniale : « Triste pis aller, s'écrie-t-il, qui vous met en dehors de la sphère de la magis-

1. Lettre du 11 avril 1838.

rature française, sous la férule du ministre
e la marine, sous l'empire des préjugés
e messieurs les colons possesseurs d'es-
laves (1)! » On comprendra ces paroles, si
on sait que, tant que l'esclavage dura dans
es colonies françaises, les magistrats se firent
presque partout les complices des proprié-
aires d'hommes, en amnistiant leurs excès
par des refus de poursuites, des ordonnances
e non-lieu ou de scandaleux acquittements.

Que l'on parcoure les arrêts des cours de
ustice de nos pays à esclaves, a écrit un ma-
istrat colonial, on y verra que le nègre qui
ommet le plus léger vol est plus sévèrement
uni que celui qui le tue (2). » Un jour, à la
Guadeloupe, on parlait d'un esclave mort au
cachot, la gangrène s'étant mise dans les bles-
ures que lui avait faites le fouet du planteur.

Voilà encore une affaire qui fera du bruit
devant les tribunaux et dans les feuilles publi-

1. Lettre du 6 septembre 1838.
2. Voir Wallon, *Histoire de l'esclavage dans l'antiquité*, 2ᵉ éd.,
879, introduction : *l'Esclavage dans les colonies*, p. LV-LXI,
XXXV, CIII-CVI, CXXXIV, CXXXVIII-CXLV.

ques, » dit quelqu'un. « Il est plus probable au contraire, répondit un missionnaire, qu'il sera étouffé comme beaucoup d'autres. Il faut que l'on soit forcé par la publicité pour poursuivre des crimes de cette nature. » Le prêtre qui parlait ainsi était l'abbé Jérôme Lamache. On me permettra une courte digression sur ce courageux missionnaire. D'abord vicaire à Cherbourg, Jérôme Lamache s'était senti entraîné vers les missions par sa nature enthousiaste et aventureuse. Il devint curé de Saint-Pierre (Basse-Terre), à la Guadeloupe. Les traitements infligés aux nègres coloniaux excitèrent son indignation; n'écoutant que son cœur, il prit en main la cause des esclaves, travailla à l'amélioration de leur sort en multipliant les institutions destinées à les moraliser et à les instruire, prêcha et écrivit pour appeler l'attention publique sur les abus dont il était témoin, conquit une très grande influence sur les nègres, qui le regardaient comme un sauveur, mais indisposa contre lui plusieurs grands propriétaires de la colonie, dont ce mouvement menaçait les intérêts. J'ai

ous les yeux la seconde édition d'une bro-
hure de lui intitulée : *Les esclaves des colonies
u clergé français*. Elle contient, en latin et en
rançais, la bulle du pape Grégoire XVI contre
esclavage, précédée de quatre pages où les
sclaves eux-mêmes, par la plume du coura-
eux prêtre, exposent les cruautés révoltantes,
es attentats plus révoltants encore dont ils
ont victimes. La première édition, publiée à
a Guadeloupe, y fut saisie comme révolution-
aire : pendant vingt-quatre heures après sa
ublication, les troupes restèrent sous les
rmes, et les rues des deux villes de la colonie
urent parcourues par des patrouilles de sol-
lats et de gendarmes : on craignait ou l'on
ffectait de craindre un soulèvement des
sclaves. L'intrépide missionnaire, qui s'était
ait leur avocat et le dénonciateur de leurs
yrans, fut renvoyé en France. Cet incident
st un peu postérieur au refus de Paul Lama-
he d'entrer dans la magistrature coloniale;
nais on ne s'étonnera pas que les deux frères
ient été animés des mêmes sentiments, et que
l'un n'ait pas voulu rendre la justice en des

lieux où, selon le mot de M. Dupin, il n'y avait
pas de justice, en des lieux d'où l'autre allait
se faire expulser pour l'avoir réclamée en
faveur d'infortunés clients.

Paul Lamache fut un des plus ardents à
s'associer au mouvement anti-esclavagiste qui
remplit les dernières années de la monarchie
de Juillet, pour aboutir à ce grand acte
d'affranchissement qui sera l'éternel honneur
de la seconde République. Non seulement il
étudia avec un intérêt passionné les travaux
de la commission nommée en 1840 pour préparer l'abolition de toute servitude dans les
colonies françaises; mais, dès 1843, au moment même où paraissait le célèbre rapport du
duc de Broglie, le jeune avocat publia (1) un
article sur *l'Esclavage dans les colonies françaises*, qui, tiré à part, fut distribué à tous les
pairs et députés (2). J'y ferai de nombreux
emprunts, car peu d'écrits ont porté avec plus
d'éloquence, devant l'opinion publique, la
cause des noirs esclaves. Je ne trouve l'opus-

1. Dans le *Correspondant*, mai 1843.
2. Renseignement donné par M. Hervé Lamache.

cule de M. Lamache cité dans aucune des his-
toires de l'abolition de l'esclavage, pas même
dans le beau livre d'Augustin Cochin. Il y a là
une injustice, que j'ai à cœur de réparer.

L'écrivain rend d'abord hommage à l'acte
généreux par lequel l'Angleterre, dès 1833,
abolit l'esclavage dans les pays de sa domination. Il cherche pourquoi cette même cause
n'excite encore, en France, qu'un intérêt médiocre. La position centrale de Paris, moins
en rapport que Londres avec les pays à
esclaves; le souvenir des ruines que la brus-
que et maladroite abolition décrétée par la
première République a faites dans les colonies,
dont une partie a été dès lors perdue pour la
France ; la surexcitation plus ou moins sincère
du patriotisme, alors agité par la fameuse question du droit de visite : telles sont, à ses yeux,
les raisons d'une froideur peu conforme au
tempérament national, ordinairement porté
à prendre feu pour toutes les idées généreuses.
Mais il est une autre raison encore, dont il parle
avec cette franchise et cette modération tout
ensemble, que nous retrouverons toujours

dans son langage dès qu'il devra toucher à quelque point intéressant plus ou moins directement sa foi religieuse. « La cause de l'émancipation, dit-il, reçoit peu de secours, parmi nous, de l'esprit religieux, qui en a été le grand mobile en Angleterre. Non pas qu'il faille accuser la France d'être rebelle aux inspirations de la charité chrétienne : ce serait mentir aux faits de chaque jour ; ni que le protestantisme puisse revendiquer le privilège exclusif des inclinations libérales. Tandis que les diverses communions qui se partagent l'Angleterre et l'Écosse plaçaient les noirs sous l'invocation de la fraternité évangélique, la pauvre et catholique Irlande se souvenait que la croix du Rédempteur est le lien commun de toutes les infortunés ; elle suspendait le récit de ses propres misères pour adresser, par la grande voix d'O'Connell, un cri de sympathie et d'espoir à l'esclave des rives lointaines. Et n'est-ce pas du siège de saint Pierre que sont descendues récemment les plus solennelles réprobations contre le trafic d'hommes à l'aide duquel se recrutent encore plusieurs ateliers coloniaux?

Si le clergé français est resté muet, c'est que la
politique lui a paru, sans doute, trop vivement
engagée dans le débat pour ne pas condamner
son zèle au silence. D'une autre part, dans un
pays accoutumé à la hiérarchie catholique, et
où une ligne de démarcation profonde sépare
le monde de l'Eglise, on goûterait médiocre-
ment les prédications du simple fidèle qui
prendrait l'initiative et la parole au nom du
Christ. »

La plus grande partie de la brochure est
consacrée à réfuter les sophismes intéressés
de ceux qui demandaient que l'affranchissement des esclaves fût retardé jusqu'au jour où
ils auraient été, par la constitution de la famille, par l'éducation morale et religieuse,
rendus capables et dignes de la liberté. « Cette
mission civilisatrice, invoquée pour perpétuer
l'esclavage, servit aussi de prétexte à son établissement. Les anciennes ordonnances qui
autorisaient la traite essayaient de pallier l'immoralité de ce trafic par le grand bien qui en
résulterait, disaient-elles, pour le salut des
noirs. Qu'ont fait les princes chrétiens et leurs

sujets des colonies pour dégager l'immense
responsabilité qu'ils assumèrent devant Dieu
en s'appropriant l'homme physique sous la
condition de créer l'homme moral? Les possesseurs d'esclaves donnent eux-mêmes à cette
question une réponse qui dément leur rôle pré-
tendu d'initiateurs, lorsqu'ils déclarent que des
générations serviles, soumises depuis plusieurs
siècles à l'empire absolu des blancs, attendent
encore l'initiation aux premiers éléments de la
vie sociale et chrétienne. C'est qu'en effet la
servitude, loin d'être une école de vertu et un
apprentissage des devoirs de la famille, étouffe
les semences heureuses que l'ouvrier évangélique avait pu déposer dans le cœur de l'esclave,
en même temps qu'elle développe chez le maître le germe des plus mauvaises passions. »

Comment celui-ci peut-il parler d'habituer
d'avance l'esclave à la vie de famille, quand la
servitude est précisément l'obstacle presque
invincible à cette vie? Il résulte des statisti-
ques officielles, publiées en 1837 par le ministère de la marine, que le nombre des esclaves
mariés était alors. à la Martinique, de 1 sur

9.978, et à la Guadeloupe de 1 sur 6.880.
M. Lamache cite les observations recueillies
sur ce sujet par les magistrats de nos diverses
colonies durant le cours des années 1840-1841.
« Chez l'homme libre, dit–il, les joies d'une
paternité certaine, et les prérogatives que la
loi y attache, sont une compensation à bien
des amertumes. L'ouvrier compte sur ses fils
pour soutenir ses vieux ans; dans le plus pauvre ménage, il y a place pour l'espérance près
du berceau du premier né; et si, plus tard, les
chances de la conscription, la nécessité de
chercher du travail au loin, amènent une
pénible séparation, on salue d'avance l'heure
du retour. Mais l'esclavage ne permet ni cette
sainte union de la famille, ni cette prévoyance
d'un égoïsme licite, puissante incitation aux
unions régulières. Après que la tendresse de
la mère se sera fortifiée par les soins mêmes
prodigués au jeune âge, le maître pourra lui
ravir la fille de douze ans, le fils de quatorze,
pour les vendre à qui bon lui semble : *dura
lex, sed scripta tamen*. A Bourbon, la coutume
l'autorise à vendre séparément les enfants

dès qu'ils ont atteint l'âge de sept ans : le
veau a grandi, il ne suce plus les mamelles
nourricières, qu'on le mène au marché!..
Quant au père de famille esclave, il n'a point
à compter sur l'appui de ses fils : leur personne
comme la sienne est la chose du maître; c'est
le maître qui fournit à chacun leur pitance. »

Les esclaves ont le sentiment que le mariage
n'est pas fait pour eux. « Le concubinage, dit
un procureur du roi de la Martinique, est
tellement naturel aux esclaves, qu'aucune idée
de honte ne s'attache pour eux à la bâtar-
dise. » Mais, s'écrie M. Lamache, « comment
le respect de soi–même et le respect de sa
compagne pourraient-ils exister chez un
homme qui ne s'appartient point; qui se sait
impuissant à protéger l'objet de ses affections;
qui descend d'une race condamnée depuis des
siècles à des fonctions purement machinales;
que l'infimité de sa condition, les lois, le
mépris public, tout enfin relègue dans un
ordre inférieur de sentiments et d'habitudes?
Au magistrat qui le presse de légitimer son
union, cet homme répond avec insouciance ou

peut-être avec une amère ironie : « Le mariage est bon pour vous autres blancs. »

Le clergé des colonies lui-même, recruté sur tous les points de la France, « soustrait à l'autorité tutélaire de l'épiscopat sans être membre d'un ordre religieux (1) », finit, à force de lassitude et de découragement, par se plier à ces mœurs et les tolérer. « Il s'est trouvé dans les possessions françaises tel prêtre, tel préfet apostolique, qui a eu, pendant de longues années, sous sa dépendance noir et négresse vivant notoirement ensemble dans l'état de concubinage. Les habitants ne s'avisaient pas que les convenances pussent murmurer là contre. Un ecclésiastique, nouvellement arrivé d'un diocèse de France dans une de nos colonies, consulte son supérieur sur la conduite à

1. Les évêchés coloniaux ne furent créés qu'en 1851. — A ceux qui trouveraient trop sévères les jugements de M. Lamache sur les planteurs et sur l'ancien clergé des colonies, je recommanderai la lecture d'un discours prononcé par Mgr Fava, évêque de Grenoble, le 21 décembre 1892, aux funérailles de Mgr Laurencin, administrateur apostolique de la Guadeloupe. Mgr Fava fut missionnaire comme le vénérable prélat dont il célèbre éloquemment la mémoire, et ses paroles qui, à cinquante-deux ans de distance, confirment de tout point celles de M. Lamache, empruntent à sa propre expérience une autorité particulière. Voir *Semaine religieuse* de Grenoble, 22 décembre 1892.

tenir vis-à-vis des maîtresses d'habitation que les approches de la Pâque amènent au tribunal de la pénitence. Peut-il accorder l'absolution, sous promesse d'amendement, à ces chrétiennes qui ont sous leurs yeux et sous leur empire cent, deux cents esclaves, vivant dans l'état de promiscuité et dans l'ignorance des premières notions de la morale chrétienne ; qui souffrent ce désordre, ne tentent rien pour y remédier, ne songent pas même que Dieu se puisse offenser de ce que font ces nègres? Il est répondu à l'ecclésiastique « qu'il se garde bien de parler de cela à confesse ; qu'il ne doit point s'immiscer dans la police des habitations ». Si telle est la tyrannie de la coutume sur un esprit cultivé ; si les idées d'une société à esclaves peuvent, à la longue, effacer jusquelà de la mémoire d'un théologien les anathèmes de l'apôtre contre les maîtres infidèles à leurs devoirs envers l'âme de leurs serviteurs ; si la notion de la dignité humaine périclite jusque dans son plus inviolable asile, le cœur du prêtre catholique, comment ne serait-elle pas profondément altérée chez la race servile ? »

La loi française ne semble point connaître celle-ci. « Elle n'intervient point dans le mariage des esclaves, elle ne sanctionne point les obligations qui en dérivent. La bénédiction du prêtre, le sacrement, la conscience lient seuls ce couple grossier, cette double ignorance, ces mobiles passions : le frein légal manque où il serait le plus nécessaire. En cela les esclaves sont traités par le législateur comme s'ils étaient des saints, ou comme s'ils étaient des brutes. »

La loi ne s'oppose même pas à ce que des esclaves légitimement mariés soient brusquement séparés pour être vendus. Cela arrive fréquemment, lors du partage d'une succession dont ils font partie. « Que penser, s'écrie M. Lamache, d'une institution menant forcément à cette conséquence, que les lois les plus usuelles, les événements les plus vulgaires, une saisie, une vente après décès, produisent quelques-unes des désolations de la guerre antique, c'est-à-dire séparent violemment et à jamais l'épouse d'avec l'époux, les enfants d'avec la mère? Et c'est au milieu d'une société catholique

que ces choses se passent! et aucune voix ne s'élève, calme et forte comme la charité! et cependant, du haut des chaires, les prédicateurs redisent les bienfaits passés du catholicisme, le faible protégé, la dignité morale de la femme relevée, l'esclavage aboli!... »

On n'a pas besoin, après avoir connu **ces** détails, d'aller chercher dans les passions effrénées, dans l'immoralité des noirs, la **cause** de leur éloignement des unions régulières. Celle-ci est autre, et plus profonde : il faut sincèrement la reconnaître. « **Des faits nombreux démentent l'inaptitude prétendue des nègres pour la constance des affections et la discipline des relations familiales. Des ecclésiastiques respectables, qui ont longtemps exercé le saint ministère dans nos colonies, nous affirment que leurs efforts pour déterminer les esclaves à légitimer leur union se brisaient presque toujours contre cette phrase : « Père, je me marierai *quand je serai libre. L'esclave n'a pas femme et enfants à lui*, mais à maître. » L'exception dilatoire était invoquée même par des noirs animés, sous tous les autres rapports, des**

cilleures dispositions chrétiennes. Ceux qui
rvenaient à se racheter tenaient, la plupart,
promesse faite au *Père*. »

Voilà pour la vie de famille. Que vaut l'autre
ponse des maîtres : qu'il faut attendre, pour
franchir l'esclave, que l'éducation morale et
ligieuse ait fait de lui un homme?

Sans doute, dans les colonies françaises il
istait des familles chrétiennes où le planteur,
femme, ses filles exerçaient près de leurs
sclaves un véritable apostolat domestique,
ur donnaient l'instruction religieuse, les pré-
araient aux sacrements, veillaient sur leur
oralité. Mais que pouvaient de telles excep-
ons, sinon faire ressortir, par le contraste,
indifférence ou même la répugnance du plus
rand nombre pour tout ce qui eût éveillé chez
s nègres le sentiment de la dignité morale?
ne ordonnance du 5 janvier 1840 obligeait les
aîtres à faire conduire au catéchisme les
nfants de leurs esclaves. En beaucoup de lieux
lle était demeurée lettre morte. M. Lamache
e s'en étonne pas. La persuasion où sont les
olons que l'instruction religieuse, dès qu'elle

aura été partout répandue, amènera de toute
nécessité l'affranchissement, lui semble parfaitement fondée. Les pages dans lesquelles il
commente, en l'appliquant aux noirs esclaves,
la grande parole évangélique : *Veritas liberabit
vos*, sont trop belles pour n'être pas reproduites
presque intégralement : ce sera notre plus
longue, mais notre dernière citation; d'autres
seraient superflues, car l'esprit du livre, ou
plutôt l'âme de l'auteur, apparaissent tout
entiers dans ces lignes éloquentes :

« Il est peu d'hommes qui puissent élever
leur âme et conformer leur conduite à la haute
notion d'un esclavage accepté comme une
épreuve providentielle, comme un moyen de
sanctification, comme une religieuse et perpé-
tuelle immolation des plus légitimes instincts
de notre nature. La docilité consciencieuse des
esclaves chrétiens, durant les premiers siècles
de l'Église, est vainement invoquée pour persuader aux colons que l'esclavage se pourra
éterniser malgré la propagation de l'instruction
religieuse parmi leurs esclaves; le bon sens
leur apprend que la disparité des circonstances

interdit cet espoir. Premièrement, l'esclavage étant une institution acceptée sans conteste par toute l'antiquité, les premiers esclaves chrétiens ne faisaient que subir la loi commune ; ils n'étaient pas aigris par le sentiment d'une déchéance exceptionnelle ; ils ne lisaient pas des lambeaux de discours politiques où le Sénat romain déclamât en faveur des droits de l'homme ; ils n'entendaient pas bruire autour d'eux les maximes libérales d'une métropole réprouvant théoriquement l'esclavage. En second lieu, ou bien ils servaient des maîtres chrétiens, et l'on peut croire, sans calomnier nos colons, qu'ils trouvaient chez ceux-là un respect plus scrupuleux pour leur dignité morale ; ou bien ils servaient des païens, et, dans ce cas, ils pardonnaient beaucoup, parce qu'ils n'attendaient rien de bon de la nature humaine non encore éclairée par la foi, ni réhabilitée par la grâce. Troisièmement, la sève primitive du christianisme, la sainte passion des humiliations et des souffrances, le Calvaire présent à toutes les mémoires et à tous les cœurs, l'effusion de l'Esprit divin dans ces premiers

vases d'élection : objets d'admiration et de
regrets, vertus qui effraient notre mollesse,
dons surnaturels qui étonnent notre raison, où
vous retrouver maintenant? Sera-ce sous le ciel
des Antilles, au sein d'une nature énervante et
au milieu des habitudes voluptueuses dont
presque tous les maîtres donnent l'exemple à
leurs serviteurs? Enfin, nous inclinons très fort
à croire que, même dans les premiers siècles
de l'Eglise, plus d'un esclave fut gagné au christianisme par son côté social et humain.

« A plus forte raison les nègres de nos colonies conçoivent difficilement l'idée abstraite
d'une religion qui ne révélerait son origine et sa
force divines par aucune amélioration dans le
sort des hommes. Lors donc qu'ils entourent la
chaire sainte où siège celui qu'ils appellent *le
Père*; lorsque les paroles de bénédiction se
répandent sur leurs têtes humiliées; lorsqu'ils
entendent raconter la descendance d'un même
Adam, la Rédemption par le même Christ,
l'identité des immortelles destinées, les magni-
ficences et les douceurs de la grande communion chrétienne, à côté de la foi et de la charité

l'espérance aussi leur apparaît. Quelque chose se remue en eux et leur dit que ces bienfaisantes doctrines, annoncées par une voix chère et vénérée, ne sauraient demeurer entièrement stériles dans l'ordre temporel....

« Vainement le prêtre pèsera chacun des mots qu'il laisse tomber sur son impressionnable auditoire. Leçons familières de la foi, enseignements de la morale, paraboles évangéliques, tout devient prétexte à des allusions qui caressent les secrets sentiments des esclaves. Un curé, faisant le catéchisme, veut faire comprendre à un nègre que l'âme est indépendante des conditions de la matière. Entre autres questions par lesquelles il essaie de se mettre à la portée du grand enfant, il lui adresse celle-ci : « L'âme est-elle blanche ou noire? — Père, répond le catéchumène, l'âme n'a pas de couleur. Mon âme à moi, pauvre noir, est aux yeux du bon Dieu pareille à celle de mon maître blanc. » Et tous les autres noirs d'épanouir leurs grosses lèvres à un sourire empreint d'une naïveté maligne : la réponse de leur compagnon, toute simple qu'elle

paraisse, avait une très grande portée dans la
bouche d'un homme que, le lendemain peut-
être, on allait troquer comme un mulet. Les
mots *liberté des enfants de Dieu, esclave des passions, esclave du démon*, sont interdits au prêtre ;
il ne faut pas que l'inviolabilité de l'esclavage
puisse être atteinte même par les métaphores
du langage dévot. Bien plus, la religion sera
comme forcée de se prêter elle-même, dans
l'administration des choses saintes, à des distinctions que semble réprouver son esprit général (1)... Cependant, malgré la prudence des
uns, la faiblesse de plusieurs, la lumière ne
saurait être tenue constamment sous le bois-
seau. Le prêtre digne de ce nom, après avoir
dit cent fois à l'esclave : « Résignez-vous,
obéissez, honorez vos maîtres, » ne borne pas
à cet enseignement tout son ministère évangélique. Il parle d'une âme immortelle ; d'un Dieu

1. Noirs séparés des blancs le jour de la première communion ;
cimetières distincts pour les esclaves ; quelquefois omission de la
publication de bans de leur mariage. — Il est clair que beaucoup
des détails contenus dans cet article ont été communiqués à Paul
Lamache par son frère Jérôme ; de là son intérêt historique et sa
valeur documentaire

qui a voulu mourir sur le Calvaire par amour
pour tous les hommes, mais qui aimait de pré-
dilection les petits et les humbles; d'un jugement dernier où disparaîtront toutes les vaines
distinctions créées par l'orgueil humain, pour
laisser chacun dans la nudité de ses pensées et
de ses œuvres. Après avoir hautement et sura-
bondamment enseigné à l'esclave les devoirs de
la condition où il a plu à la Providence de le
placer, ce prêtre essaie, avec des ménagements
infinis, de guérir par le vin et l'huile de la parole
sainte les plaies morales qui exercent les plus
grands ravages chez l'autre partie de son trou-
peau. Or, l'esclave écoute, réfléchit, commente;
le prestige de la race et de la peau s'atténue
singulièrement dans son esprit; il est déjà assez
éclairé pour conclure que ses maîtres ne rem-
plissent ni leurs devoirs envers Dieu, ni leurs
devoirs envers lui-même; il n'est pas chrétien
assez parfait, et peut-être ne le deviendra-t-il
jamais, pour bien comprendre que ses devoirs
personnels sont indépendants de la conduite
que l'on peut tenir envers lui. Ceux des planteurs qui entendent éterniser l'esclavage nous

paraissent donc parfaitement logiques dans leur
répugnance contre l'instruction religieuse des
esclaves. L'esclave, ne connaissant d'autre
évangile que la parole du maître, d'autre règle
que le fouet du commandeur, d'autres joies
que l'enivrement des danses lubriques ou la
ration supplémentaire de tafia, est un animal
facile à dompter : un bout de corde fera l'affaire ;
mais l'esclave qui pense... donne à penser au
maître. »

Ou je me trompe beaucoup, ou l'on a rarement écrit quelque chose de plus grave, de
plus fort, de plus pénétrant sur la douloureuse
question de l'esclavage. Malgré les condamnations dont, à tant de reprises, l'avaient frappé
les papes, et tout récemment Grégoire XVI, les
catholiques français, comme l'a remarqué
M. Lamache, n'avaient pas encore élevé la voix
avec ensemble contre ce fléau. Le premier
peut-être en date est le jeune avocat dont je
viens de faire connaître l'œuvre par de larges
citations. Pionnier modeste et inconnu, il ouvre
la route que suivront, jusqu'à la fin du siècle,
les plus éloquents et les plus illustres, depuis

M. Wallon et M. Cochin, dans des livres qui
sont des actes d'humanité et de foi en même
temps que des monuments d'érudition, M. de
Montalembert, dans son admirable article sur
la Victoire du Nord aux Etats-Unis, Mgr Dupanloup, dans sa belle *Lettre sur l'Esclavage*, jusqu'au cardinal Lavigerie, mêlant les paroles et
les œuvres, et portant hardiment la guerre sainte
au centre du continent noir, pendant que
Léon XIII résume, avec sa suprême autorité,
les enseignements séculaires du siège apostolique sur le droit de tous les enfants d'Adam,
de tous les rachetés du Christ à la libre posses-
sion de leur corps et de leur âme.

V

Au moment où il commençait de rassembler les documents qu'il devait mettre en œuvre avec un talent déjà si mûr dans son écrit sur l'esclavage, Paul Lamache n'était pas sans inquiétude pour son avenir. Non seulement il cherchait à entrer dans la magistrature, mais il se préoccupait plus encore de se créer un foyer et de se soustraire à ce qu'il appelait, avec la franchise habituelle de son langage, « la cruelle et dangereuse solitude du célibat. » Comme les cœurs vraiment purs, et tendres parce qu'ils sont demeurés purs, de bonne heure il avait songé au mariage. La fiancée idéale avait souvent visité ses rêves. Dès le collège, à dix-sept ans, il écrivait à son frère : « Quand j'aurai une dizaine d'années de plus, j'espère que

le vide de mon cœur disparaîtra, si Dieu me fait
la grâce de me donner une femme aimable et
vertueuse, sur qui je puisse concentrer mes
affections. Je ne vois pas sur la terre de plus
grand bonheur que celui-là, si ce n'est peut-
être celui de rendre les autres heureux (1). »
L'imagination du collégien avait été un peu
vite, car, dix ans plus tard, dans une lettre que
nous avons citée, Paul Lamache parle encore
« du vide de son cœur », que ni l'étude, ni les
distractions du monde ne suffisent à remplir.
L'incertitude de l'avenir, l'absence d'une position fixe, de fonctions rétribuées, lui font
craindre un ajournement indéfini de ses plus
légitimes désirs. Il vante à un ami, en termes
bien touchants, les charmes du mariage chrétien : « Je désire bien vivement te voir ayant à
tes côtés une jeune femme qui t'initie aux douceurs d'un amour vrai et pur, et sur tes genoux
un joli petit enfant qui te rapprenne à prier le
bon Dieu en joignant ses petites mains et en
bégayant la prière que lui aura apprise sa mère.
Chrétien par le cœur, par la charité, par le

1. Lettre du 26 octobre 1827

dévouement, et aussi par l'habitude du respect
envers la religion dont tu as de si.touchants
modèles dans ta famille, tu ne tarderas pas
alors à le redevenir de toutes les manières. »
Puis, faisant un triste retour sur lui-même, il
ajoute : « Quant à ton pauvre ami Lamache,
il a tout lieu de craindre d'avoir besoin, le
reste de sa vie, d'une vertu bien difficile et
bien dure, la résignation (1). » La bonté
divine lui permit de faire l'économie de cette
vertu. Une noble et intelligente famille eut en
M. Lamache la confiance dont il était digne. Il
épousa, au mois de février 1843, Mlle Henriette
d'Humbersin, fille d'un lieutenant-colonel
d'artillerie, et petite-fille de Philippe Lebon
d'Humbersin, l'inventeur de l'éclairage au gaz.
La Providence avait accordé à ses mérites la
plus précieuse des récompenses, en lui donnant une femme digne de lui, qui sera pendant un demi-siècle la dévouée compagne des
bons et des mauvais jours, et vraiment l'ange
du foyer domestique. « Quel joyeux carillon
sonne mon cœur! » dit-il à l'un des membres

1. Lettre du 5 septembre 1838.

de sa nouvelle famille, au sortir de la messe
de mariage.

Les joies du foyer ne le détournèrent pas
de ses travaux littéraires. Tout en continuant
de collaborer à divers recueils, — particulièrement au *Correspondant*, où parut presque au
lendemain de son mariage l'écrit sur les
esclaves, et dont la direction lui fut offerte vers
le même temps, — il prépara, pendant l'année
1843, une brochure considérable, ou plutôt un
livre, qui fut publié au commencement de
l'année suivante.

Il était du tempérament de M. Lamache de
ne laisser la lutte s'ouvrir sur aucune grande
question de religion ou de liberté, sans
aussitôt y prendre part. Depuis la fin de la
Restauration, la liberté de l'enseignement
secondaire était réclamée par les catholiques,
comme l'accomplissement d'une des promesses
de la nouvelle Charte. On se fait difficilement
l'idée, aujourd'hui, de la situation où se trouvaient alors les établissements libres, si cette
épithète peut leur être appliquée sans ressem-
bler à une ironie. Le régime impérial demeu-

rait la loi de l'enseignement. Les maisons
d'instruction secondaire ne pouvaient s'ouvrir
sans une autorisation spéciale, toujours révo-
cable, et le directeur était obligé de faire suivre à ses élèves, à partir de la sixième, les
classes du collège royal. Dans les villes qui
ne possédaient pas de collège, les établissements
libres ne pouvaient donner une instruction
dépassant les classes de grammaire et, pour les
sciences, les éléments de l'arithmétique et de
la géométrie. Ceux-là seuls qui avaient obtenu
le privilège de *plein exercice* avaient le droit de
faire parcourir à leurs élèves le cercle entier
des études ; mais il leur était interdit de recevoir des externes. Sait-on combien d'établissements d'instruction secondaire possédaient, en
1843, le plein exercice ? Vingt-trois seulement.
C'était, en réalité, la mainmise de l'Université
sur tous les esprits et toutes les consciences ;
ou, comme l'a dit M. Guizot lui-même, « la
dictature placée, en fait d'éducation, sur le
seuil de la maison paternelle (1). » Et à quel

1. Guizot, *Mémoires pour servir à l'histoire de mon temps,*
t. III, p. 91.

moment ? quand des sommets du haut enseignement soufflait un vent d'irréligion et de
libre pensée ; quand la philosophie officielle se
posait en rivale ou en protectrice dédaigneuse
du christianisme ; quand, à peu d'exceptions
près, les hommes au pouvoir ou les membres
influents des deux Chambres professaient l'indifférence religieuse, tenaient l'Eglise en
défiance, et montraient dans toutes les questions où elle se trouvait intéressée, soit une
surprenante ignorance, soit un reste mal dé-
guisé d'hostilité voltairienne.

On comprend les anxiétés des catholiques
et leur ardeur à demander, à conquérir une
liberté qui mît l'éducation de leurs enfants à
l'abri de tout contact universitaire. Le gouvernement lui-même, se sentant lié par les promesses de la Charte, reconnaissait qu'une
satisfaction devait être donnée à des vœux ou
des craintes aussi légitimes ; mais il s'appliquait à mesurer cette satisfaction, de manière
à ne pas tout abandonner de son monopole :
d'ailleurs, il était loin de rencontrer dans les
Chambres la coopération dont il eût eu besoin

pour accomplir une œuvre de transaction
loyale qui, sans accorder aux catholiques
toutes leurs revendications, aurait au moins
fait disparaître les plus pressants de leurs
griefs. On l'avait bien vu en 1836, quand le
projet, à beaucoup d'égards acceptable, présenté par M. Guizot, avait été défiguré par
des amendements où se marquait un esprit
de défiance injurieuse envers l'Eglise et les
ordres religieux. Un nouveau projet, présenté
en 1841, parut moins libéral encore, souleva
les protestations presque unanimes de l'épiscopat, et ne fut même pas discuté ; mais le mouvement d'opinion qu'il suscita, et dont M. de
Montalembert se fit à la tribune de la Chambre
des pairs l'éloquent interprète, était trop puissant désormais pour s'arrêter avant d'avoir
obtenu gain de cause. De tous côtés, les adversaires du monopole multiplièrent les discours,
les brochures, les articles de journaux. Plus
d'un ne sut pas garder, dans la polémique,
toute la mesure ou toute la dignité désirable :
l'Université parut quelquefois attaquée avec
excès : des questions de personnes se mêlèrent

trop souvent aux questions de principes ; mais de cette agitation sortirent, en des genres divers, des œuvres de premier ordre. A la suite de l'admirable brochure publiée en 1843 par M. de Montalembert, *Du devoir des catholiques dans la question de la liberté de l'enseignement*, il sera permis de placer celle que fit paraître, au commencement de 1844, M. Lamache, sous ce titre : *De la législation du monopole universitaire.*

Un passage de l'introduction fera juger du ton de l'ouvrage. « L'auteur — écrit M. Lamache — n'obéit à aucun sentiment d'hostilité personnelle contre les chefs ou contre les membres du corps enseignant. Etranger par l'obscurité de sa position à tout rapport avec les premiers, il se félicite de compter plus d'un ami parmi les seconds. Lui-même a été élevé dans un collège de l'Université, et d'anciennes relations d'écolier à maître n'ont fait, en se transformant avec les années, que laisser une place toujours plus grande au respect et à l'attachement. » Mais ces sentiments ne lui font pas fermer les yeux sur les inconvé-

nients, disons plus, sur l'illégalité du monopole universitaire, institué par simple décret,
au mépris d'un article formel de la loi de 1806.
Le premier chapitre est consacré à la démons-
tration de cette illégalité. Le vice du point de
départ ainsi établi, M. Lamache arrive, dans
un second chapitre, à l'époque actuelle, et n'a
pas de peine à prouver l'incompatibilité du
principe fondamental de la législation universitaire avec l'article 69 de la Charte de 1830.
Poussant plus loin encore, il établit la contra-
diction existant entre le monopole universitaire et l'article 5 de la même Charte, qui
garantit à tout Français le libre exercice de sa
religion. Celui-ci semble assuré au collège par
la présence de l'aumônier ; mais d'autres
influences paralyseront ou combattront la
sienne. L'enfant recevra chaque jour les
leçons de maîtres dont quelques-uns, peut-être,
partageront sa foi, dont beaucoup d'autres,
probablement, la tiendront en indifférence, en
éloignement ou en hostilité. Vainement l'État
aura-t-il garanti, en matière d'enseignement,
la neutralité religieuse : celle-ci, en **fait**,

n'existe pas, parce qu'elle est d'une pratique
impossible. A chaque pas le professeur de
philosophie se heurtera contre un dogme, le
professeur d'histoire contre un fait, à propos
desquels il leur faudra prendre parti, s'ils
veulent donner à leur enseignement sa largeur
et sa sincérité, s'ils veulent « être autre chose
que d'utiles et modestes cruches transvasant
goutte à goutte la provision reçue de mots, de
faits et de dates. » Dira-t-on, cependant, qu'à
force d'habileté, ou même par un respect sincère de la foi de ses élèves, le professeur par-
viendra à éviter ces écueils ? la neutralité parfaite, fût-elle possible, serait encore blessante
pour de jeunes âmes, car elle équivaudrait à
tenir aux familles croyantes ce langage, que
M. Lamache met, avec esprit et éloquence,
dans la bouche de l'Université :

« En vain vous désirez pour votre enfant la
propice influence d'un enseignement où il
sente vivre et respirer la foi de ses pères, sincèrement partagée par les maîtres de sa jeunesse. En vain vous entendez que sa religion
se développe et se fortifie par les leçons de

l'histoire, par le charme innocent des lettres, par le tableau des aberrations où sont tombés les plus beaux génies quand la lumière divine n'éclairait point leur marche. En vain vous êtes convaincus que le professeur, par le choix des auteurs ou des sujets de composition, par la manière d'envisager les faits, par quelques réflexions suggérées avec mesure et quelques paroles jetées à propos, peut et doit être un très puissant auxiliaire du prêtre dans l'éducation religieuse de vos fils. Vos fils passeront dix années dans mes collèges, et durant ces dix années ils n'entendront pas sortir de la bouche de leurs professeurs une seule parole de sympathie, un seul hommage envers votre foi religieuse. Votre enfant aura le choix de croire ou que ses maîtres ne professent aucune religion, ou qu'ils tiennent pour préjugés et erreurs les croyances qui s'étaient assises à leur berceau. Voilà comment je réalise l'égale protection promise à chaque religion. »

On ne peut donc se le dissimuler, conclut M. Lamache, « les tendances générales de l'enseignement universitaire infirment dans les

âmes la foi à toute religion positive et révé-
lée. » Le remède s'offre de lui-même : la liberté
de l'enseignement. « Avec elle disparaîtront
tous les embarras, tous les mensonges : chacun sera rendu à la vérité et à l'indépendance
de ses convictions. Les parents qui placent la
foi et les mœurs au premier rang dans leurs
sollicitudes, confieront leurs fils à des établissements où ils sauront que les mêmes
croyances règnent sans partage. Quant à l'Université, ou bien elle recrutera ses élèves dans
les familles qui n'attachent qu'une importance
secondaire aux croyances et aux pratiques religieuses, acceptant le déisme comme fond, avec
quelques cérémonies extérieures comme formes convenables chez les enfants ; ou bien
elle-même, heureusement incitée par la concurrence, en même temps qu'elle améliorera le
régime intérieur de tous ses collèges, prendra
soin de fonder, sur quelques points, des écoles
dont le caractère religieux sera franc et décidé.
Elle trouverait, dans son nombreux personnel,
assez de croyants pour garnir honorablement les
chaires de ces écoles. Au demeurant, le grand-

maître avisera : tout ce que nous demandons, c'est qu'il soit permis aux parents de choisir librement les dépositaires de leur autorité. »

Je ne puis analyser en détail les chapitres qui suivent, consacrés à la situation des établissements particuliers d'instruction secondaire, — au baccalauréat et à la composition des commissions d'examen, — à la rétribution universitaire, c'est-à-dire à la taxe alors imposée aux établissements libres, — à la situation légale des petits séminaires, — et enfin à l'intervention du clergé dans l'éducation laïque. Chacun forme une monographie très complète, écrite avec une grande compé‑tence juridique et une verve qui ne laisse jamais languir l'attention. J'en pourrais détacher de fort belles pages ; j'aime mieux laisser le lecteur sous l'impression de celle que j'ai tout à l'heure citée : elle termine le second chapitre, mais pourrait servir de conclusion à tout l'ouvrage, conclusion assurément aussi modérée dans le fond que dans la forme, et qui, à distance, nous paraît irréfutable.

De près, pour les passions et les préjugés

du temps, il n'en était pas ainsi, car il fallut encore six années, et une révolution, pour contraindre l'État à se dessaisir du monopole de l'enseignement secondaire. Dans l'année où parut l'opuscule de M. Lamache, le débat se ranima, plus vif que jamais, à l'occasion d'un troisième projet de loi, présenté le 2 février 1844 par M. Villemain, et dans lequel l'esprit universitaire sembla concentrer ses dernières résistances. Parmi les écrits auxquels donna lieu cette nouvelle phase de la lutte, on doit citer en première ligne les deux *Lettres à M. le duc de Broglie* et le beau livre *De la pacification religieuse*, publiés par l'abbé Dupanloup. J'ai le droit de les citer à l'occasion du travail plus oublié dont je viens de donner l'analyse, car un personnage influent du temps les rapprocha, en portant sur eux ce jugement commun : « Si les catholiques n'avaient publié en faveur de la liberté de l'enseignement que des opuscules comme ceux de M. Dupanloup et de M. Lamache, leur cause y aurait beaucoup gagné (1). »

1. Propos rapporté dans une lettre du 14 août 1857.

Malgré l'énergie de sa défense, la prépondérance universitaire se sentait menacée ; les partisans de la liberté gagnaient du terrain : une habile diversion retarda leur victoire, en changeant soudain le champ de bataille, et en détournant l'attention publique. On affecta de ne plus voir, dans l'armée catholique, que les seuls jésuites, et d'accabler la cause de la liberté d'enseignement sous leur ancienne impopularité, adroitement rajeunie. Les brillantes leçons, bientôt réunies en volume, de Michelet et de Quinet soulevèrent contre ces religieux la jeunesse des écoles. La presse périodique leur jeta l'outrage, et tourna contre eux l'arme alors nouvelle du roman feuilleton. Dans le parlement, M. Thiers, M. Cousin, M. Dupin, M. Odilon Barrot, les dénoncèrent du haut de la tribune, avec plus ou moins d'habileté ou de passion, selon le tempérament de chacun. Enfin, un ambassadeur de France, M. Rossi, destiné à tomber un jour martyr d'une meilleure cause, fut chargé de solliciter du pape leur suppression : il suffit de parcourir la correspondance échangée entre ce diplomate et M. Guizot pour voir de quels préjugés les plus graves esprits étaient encore imbus au sujet des jésuites. Malgré la différence des temps et des hommes on se serait cru au dix-huitième siècle, sous le ministère du duc de Choiseul. Précisément, une plume brillante venait de renouveler le souvenir de cette époque, en écrivant une *Histoire de la chute des jésuites*. Dans « un récit grave et piquant, plein de révélations curieuses, mais exempt de toutes récriminations amères, » — ainsi jugeait alors un critique éminent, qui probablement mêlerait aujourd'hui son appréciation de quelques réserves (1), — le comte Alexis de Saint-Priest avait retracé ce tragique épisode du pontificat de Clément XIV. Son livre offrait les apparences de l'impartialité, et l'auteur avait eu sans doute la volonté d'être impartial ; cependant il était facile de voir que les préjugés en vogue avaient déteint sur son esprit : une certaine frivolité littéraire lui avait fait, en bien des cas, préférer des tableaux brillants, des portraits spirituels

1. A. de Broglie, *Études morales et littéraires*, p. 364.

6

ou des récits bien arrangés à la patiente discussion des faits ou à l'analyse exacte des documents : presque à chaque page on le pouvait
prendre en défaut et tourner à l'apologie des
victimes le réquisitoire adouci qui se dégageait
de son livre. Une telle étude avait de quoi
tenter un jeune érudit. Pendant qu'à la tribune, dans la presse, et jusqu'à Rome, des
hommes tels que Berryer, Vatimesnil, Montalembert, l'abbé Dupanloup, Mgr Parisis, prenaient hautement la défense des jésuites contre
les attaques oratoires ou les menées diploma-
tiques, pendant que, par son livre *De l'existence et de l'institut des jésuites,* le père de Ravignan abritait habilement et fièrement son
ordre sous l'égide des libertés publiques, il
était à propos que la calomnie ne parvînt pas
à s'établir sur le terrain de l'histoire. M. Lamache se chargea de l'y poursuivre.

Le petit livre qu'il a publié, en 1845, sous
le même titre que celui de M. de Saint-
Priest (1), est devenu introuvable : il méri-

1. *Histoire de la chute des jésuites au dix-huitième siècle.
Réponse à **M**. le comte Alexis de Saint-Priest, pair de France,*

terait, cependant, d'être lu encore aujour-
d'hui (1). A peine, en un ou deux points de
détail, les recherches faites depuis lors sur
le même sujet amèneraient-elles quelques
rectifications. Dans un récit largement tracé,
souvent ému, parfois éloquent, M. Lamache
fait à son tour l'histoire du bannissement des
jésuites de Portugal, de leur expulsion de
France et d'Espagne, des négociations pour-
suivies près du saint-siège pour obtenir leur
abolition, de la décision prise enfin par Clément XIV, de l'existence continuée des jésuites

par M. Paul Lamache, docteur en droit, avocat à la Cour royale
de Paris. — Paris, Waille, éditeur, 1845; in-12 de VII-292 pages.

1. J'ai parlé plus haut et j'aurai à parler encore de l'humilité de
M. Lamache; mais il en est un exemple que je dois rapporter en
cet endroit. Dans un vigoureux article sur *le Gallicanisme parlementaire en* 1877, publié dans *le Contemporain* de cette même
année, il eut à réfuter les calomnies répandues dans un document
officiel contre la morale des jésuites. Cela l'amena à dire un mot
des négociations qui avaient précédé l'abolition de la compagnie.
En note (*Contemporain*, novembre 1877, p. 804), il écrit : « Le
récit très intéressant de ces négociations, avec pièces à l'appui, se
trouve dans le volume de M. le comte de Saint-Priest, *De la chute
des jésuites au dix-huitième siècle*, volume qui donne lieu, d'ail—
leurs, à de nombreuses et justes critiques. » Il s'abstient de rappeler son propre livre et d'y renvoyer le lecteur.

dans l'est de l'Europe, et enfin du rétablissement de la compagnie par Pie VII. Les documents inédits publiés par M. de Saint-Priest sont examinés dans un chapitre spécial : des pièces justificatives terminent l'ouvrage. En le lisant, on reconnaît que son auteur eût été fait pour écrire l'histoire. Le plan est clair, le style chaleureux et souple, la phrase très pleine et très large : le récit marche d'un pas égal, sans inutiles digressions. Il eût été besoin d'un faible effort pour ôter au livre ce qui en fait un écrit de circonstance : la préoccupation trop fréquente de réfuter M. de Saint-Priest et la polémique personnelle (toujours courtoise) engagée avec lui. C'est un défaut de composition, qui a l'inconvénient de dater l'ouvrage, et qui peut-être l'a empêché de survivre au temps où il est né. Tel qu'il est, il a certainement répondu au vœu désintéressé de l'auteur, en dissipant plus d'une idée fausse, et en ramenant sur le vrai terrain de l'histoire une question dévoyée par le préjugé et par la passion. M. Lamache a doublé la solidité de ses conclusions par l'extrême modération du langage. Ami déclaré des jésuites, regrettant l'acte auquel la pression des cours d'Espagne, de Portugal et de France avait contraint Clément XIV, l'historien catholique se garde avec soin de toute parole capable de porter atteinte à la mémoire d'un pape. Son livre n'a rien des allures mordantes de celui que Crétineau-Joly consacrera deux ans plus tard au même sujet (1), mais il se montre le vrai précurseur de la calme et respectueuse étude du Père de Ravignan sur Clément XIII et Clément XIV (2). Le vénérable religieux a cité plusieurs fois le travail de son jeune devancier : si j'osais dire toute ma pensée, j'ajouterais qu'il eût pu lui emprunter quelque chose de son style rapide et coloré, sans nuire à la gravité touchante de son propre langage.

On jugera de ce style par un passage que j'emprunte à l'introduction : je le choisis de préférence à bien d'autres également dignes d'être cités, parce qu'il montre l'auteur plaçant

1. Crétineau-Joly, *Clément XIV et les jésuites.* Paris, 1847.

2. R. P. de Ravignan, *Clément XIII et Clément XIV.* Paris, 2 vol., 1854.

6.

(comme il fera toute sa vie) les intérêts religieux sous la protection de la liberté, leur
meilleure sauvegarde à bien des époques, leur
seul rempart aujourd'hui :

« Les jésuites ont des collèges florissants en
Angleterre, comme ils en ont aux Etats-Unis,
comme ils en ont en Belgique. Et ni la fière
nation anglaise, ni la république américaine,
ni la royauté constitutionnelle de Léopold ne
se sentent le moins du monde compromises et
abâtardies par l'enseignement de ces religieux.

« Le roi Léopold, honorant de sa visite le
collège de Namur, tenu par ces Pères, les a
publiquement félicités de ce qu'ils élevaient la
jeunesse dans l'amour des institutions de son
pays : « Ce qui me plaît surtout, messieurs,
c'est l'éducation vraiment nationale que vous
donnez à la jeunesse. Continuez à l'élever
comme vous le faites dans cet esprit; elle sera
le soutien de la patrie. »

« Aux Etats-Unis, les jésuites jouissent de
la liberté d'action et d'association assurée à
tous les autres citoyens; et ce n'est pas un
médiocre sujet d'étonnement pour les républi-

cains de l'Union, quand ils viennent en France, de voir les journaux et les hommes qui s'intitulent libéraux réclamer des mesures exceptionnelles et despotiques contre les Français auxquels il plaît d'embrasser la règle de saint Ignace. Aussi les jésuites sont-ils d'excellents républicains aux Etats-Unis. L'anniversaire de l'indépendance, fête nationale pour tous les Etats de l'Union, en est une aussi pour les jésuites et pour les élèves de leurs collèges. Ce jour-là, des hymnes patriotiques sont chantés par les jeunes Américains dans les écoles jésuitiques; et les chefs de la cité trouvent fort naturel et fort simple d'inviter quelque célèbre prédicateur de la Compagnie à prononcer le discours d'usage, devant la milice et la population assemblées.

« Tel est l'attachement que les jésuites des Etats-Unis professent pour l'indépendance américaine. Tel est le soin que prennent les jésuites belges d'inspirer à leurs élèves l'attachement aux principes constitutionnels de la Belgique. Par quelle fatalité les jésuites français seraient-ils seuls incapables d'aimer un

régime sincèrement libéral, qui les soustrairait
à d'outrageuses exclusions (1)? »

Effacez la date de 1845; remplacez le mot
jésuites par le mot *catholiques* : cette page ne
paraîtrait-elle pas écrite d'hier?

1. *Histoire de la chute des jésuites*, p. 51-52.

VI

LA RÉVOLUTION DE 1848. — L'ÉCOLE D'ADMINIS-
TRATION. — L'ACADÉMIE DÉPARTEMENTALE DES
CÔTES-DU-NORD.

M. Lamache était avocat à Paris, quand la
révolution du 24 février fit tomber un trône
qui, la veille encore, paraissait inébranlable.
On lira avec grand intérêt la lettre qu'il écrivit à son frère Charles au lendemain de ce
jour historique (1) ; elle pourrait être intitulée : *la Révolution de 1848 vue des rangs de
la garde nationale*. Il raconte d'abord la part
prise par sa compagnie, sinon dans la défense
de l'ordre légal, qui ne fut guère défendu, au
moins dans la protection de quelques braves
gens menacés par l'émeute.

« Nous avions entendu, durant la nuit, le
toscin, la fusillade, le canon ; et le matin,

1. Lettre du 28 février 1848.

après m'être muni de l'absolution, j'étais allé, comme c'était mon devoir, me placer dans les rangs de ma légion. Son colonel, voyant combien les opinions étaient partagées parmi « les chers camarades », crut prudent de ne point nous délivrer de cartouches. Il nous retint dans le quartier où l'insurrection n'eut point de combat à livrer. Pour ma part, je fus employé avec ma compagnie à garder une caserne de la garde municipale, rue de Tournon. Jusqu'au soir nous fûmes en rangs devant la porte, empêchant, par l'autorité morale plutôt que par la force, le peuple d'entrer. Nous parvînmes à faire esquiver les gardes municipaux, au nombre de soixante ou quatre-vingts, qui s'étaient réfugiés dans cette caserne : c'était pitié de voir ces pauvres gens pâles, effarés, ahuris ; leur chef, vieil officier à moustaches blanches, pleurant de grosses larmes : « De braves soldats comme cela, me disait-il, « obligés de se sauver comme des malfaiteurs ! » Il resta le dernier de tous, habillé en bourgeois. Nous avions caché les armes de ces soldats dans les caves de la caserne, jeté leurs cartouches dans un puits, et enfin le soir, quand la République eut été proclamée, je me retirai avec la joie d'avoir contribué à une bonne action, et d'avoir soustrait hommes et armes aux mains des insurgés tant que l'insurrection avait semblé être une émeute et non une révolution. »

Suivent de curieux détails sur l'attitude de la bourgeoisie, du peuple, et sur l'impression que laissait dans les esprits une révolution aussi facile :

« La garde nationale comptait dans ses rangs beaucoup d'opposants au ministère ; mais un très petit nombre de ses membres ont combattu contre les troupes ; son sentiment presque universel a été la tristesse, l'inquiétude, quand elle a vu la tournure grave que prenaient les événements. Mais elle n'avait point d'ordres pour agir ; partant la confusion, le découragement des chefs supérieurs, la désertion de la ligne qui rendait ses armes à première sommation.

« M. Cornudet, maître des requêtes, qui était dans les rangs à côté de moi, disait : « Ce gouvernement-ci tombe bien plus platement que celui de Charles X. Charles X, pris à l'improviste, n'ayant guère que dix mille hommes de troupes, sans munitions, a tenu trois jours contre la population presque entière de Paris, et il est sorti de sa capitale et de son royaume escorté jusqu'au·dernier moment par de fidèles soldats. Ce gouvernement-ci avait cent mille hommes, des préparatifs faits de longue main, il n'était attaqué que par quelques milliers d'assaillants, presque tous enfants de quinze à vingt ans ; et il est tombé en six heures, et son chef s'esquive furtivement ! » — « C'est vrai, cela, » répétaient les autres autour de M. Cornudet.

« Il n'y a guère que la garde municipale qui se soit bravement battue. Dans la ligne et dans l'artillerie un petit nombre d'officiers seulement ont fait leur devoir. Un de ces derniers, après la dispersion de sa troupe, était resté avec trois de ses canonniers près de sa pièce sur le boulevard, et il se disposait à l'emmener. La foule le cerne, le presse, et s'empare de sa pièce. Alors le brave officier se met à

pleurer de douleur en voyant sa pièce prise.
Le peuple aussitôt de battre des mains : « Vous
« êtes un brave ! vous emmènerez votre pièce ; »
et on lui donne un piquet d'insurgés pour
l'escorter, lui et son canon. Il y a vraiment,
chez ce peuple de Paris pris en masse, et abs-
traction faite de quelques brigands, un fond
de générosité que l'on ne saurait méconnaître
sans injustice. Il a fusillé sur place tout voleur
pris en flagrant délit. Je ne crois pas que,
dans aucune capitale d'Europe, le peuple des
rues, devenu maître absolu, et armé jusqu'aux
dents tandis que la bourgeoisie n'avait pas de
cartouches, eût montré tant de probité et, en
somme, une si grande modération.

« La bourgeoisie a compris que son intérêt
lui commandait de se mêler aux ouvriers pour
exercer sur eux l'empire des bons exemples et
des bons conseils. La garde nationale, sur
laquelle l'ordre repose depuis quatre jours en
l'absence de toute autre force publique, se
compose d'hommes en blouse et en veste mêlés
aux bourgeois en uniforme. Elle porte les
patrouilles et place ses corps de garde partout

où besoin est. L'avant-dernière nuit, nous avions un poste devant notre maison pour protéger l'église et le couvent des Carmes. Dieu veuille que ce bon esprit dure, et que les républicains honnêtes gens ne soient pas débordés ! Je m'étais senti pénétré de honte et de douleur en voyant le hideux drapeau rouge arboré à beaucoup de maisons et sur plusieurs postes : Dieu merci, il a disparu. Le ruban rouge que chacun portait à sa boutonnière commence à faire place à la rosette tricolore. Je me réjouis de n'avoir porté que celle-ci. »

M. Lamache termine sa lettre par un jugement d'ensemble et quelques détails intéressants :

« En somme, voici le résumé exact, je crois, des derniers événements. Le gouvernement existant n'était rien moins que populaire, et, d'une autre part, il n'avait point pour lui *ces principes monarchiques qui, après la révolution de 1830, portèrent tant de fonctionnaires à donner leur démission : aujourd'hui pas un ne l'offre.* La garde nationale n'a point pris de part matérielle à l'émeute, mais elle s'est interposée entre la troupe et les insurgés, et elle a par là ôté toute énergie à la troupe. Une fois la République proclamée, tous les gens qui avaient quelque chose à perdre se sont mis dans les rangs de la garde nationale, et ont comprimé par leur présence les mauvaises passions des niveleurs. Tout va mieux qu'on ne pouvait s'y attendre ; mais Dieu seul sait ce que nous réserve l'avenir !

« ... Je viens de causer avec MM. de Montalembert et de Kergorlay, qui pensent comme moi que les honnêtes gens doivent se montrer plus que jamais. »

En post-scriptum, M. Lamache ajoute :

« Le Père Lacordaire a été applaudi hier à tout rompre par son auditoire de Notre-Dame. »

On connaît le fait auquel cette phrase fait allusion. Quelle serait, envers l'Eglise, la conduite de la Révolution triomphante ? Nous venons de citer des traits de générosité du peuple de Paris. Les mêmes sentiments paraissaient l'animer pour la religion : loin de la

confondre avec les choses qui venaient d'être
vaincues, il l'avait traitée comme une force
supérieure aux luttes de ce monde, et devant
laquelle les vainqueurs mêmes s'inclinent.
Pendant le sac des Tuileries, le crucifix de la
chapelle avait été porté processionnellement
par les insurgés jusqu'à l'église Saint-Roch.
Lacordaire fit cesser par une initiative hardie
les dernières hésitations. Il annonça qu'il
ouvrirait, le 27 février, la station annuelle à
Notre-Dame. Là, dans la chaire, où il devait
traiter de l'existence de Dieu, il dit à l'immense auditoire, encore frémissant des émotions des trois jours qui venaient de s'écou-
ler :

« Grâce à Dieu, nous croyons en Dieu, et si
je doutais de votre foi, vous vous lèveriez
pour me repousser du milieu de vous ; les
portes de cette métropole s'ouvriraient d'elles-
mêmes sur moi, et le peuple n'aurait besoin
que d'un regard pour me confondre, lui qui,
tout à l'heure, au milieu même de l'enivrement
de sa force, après avoir renversé plusieurs
générations de rois, portait dans ses mains

soumises, et comme associée à son triomphe,
l'image du Fils de Dieu fait homme... »

Et comme l'auditoire, transporté, éclatait en
applaudissements :

« N'applaudissons pas, messieurs, la parole
de Dieu, s'écria l'orateur ; croyons-la, aimons-
la, pratiquons-la, c'est la seule acclamation qui
monte jusqu'au ciel et qui soit digne de lui. »

M. Lamache ne fut pas seulement un des
auditeurs assidus de Lacordaire : il eut avec le
grand dominicain de fréquents rapports, et
lorsque celui-ci, aidé d'Ozanam et de quelques
catholiques auxquels la démocratie ne faisait
pas peur, qui espéraient l'amener un jour aux
pieds de l'Eglise, fondèrent un journal chrétien et démocratique, l'*Ère Nouvelle*, il en
devint un des collaborateurs. Cependant, bien
qu'il appartînt à ce que Charles Lenormant
appelait « le parti de la confiance », M. Lamache
prévoyait depuis quelque temps l'explosion
socialiste qui éclata pendant les journées de
juin. Comme Ozanam, comme tous les gens de
cœur, il fit alors son devoir dans les rangs de
la garde nationale. Il courut même (quoiqu'il

s'en défende modestement) un réel danger.
« Ma compagnie, écrit-il à son frère, fut
envoyée, le vendredi à midi, occuper le Pont-
Neuf, où déjà une trentaine d'émeutiers com-
mençaient à élever une barricade. A notre
approche ils s'enfuirent sans tirer ni recevoir
aucun coup. Nous sommes restés par ordre à
garder le Pont-Neuf jusqu'au dimanche matin.
Nous n'étions d'abord qu'une soixantaine; car
ce sont toujours les mêmes, et un petit nombre,
qui se retrouvent dans les prises d'armes.
Quand la canonnade et la fusillade s'engagè-
rent tout près, sur le pont Saint-Michel, nous
crûmes que nous allions bientôt être attaqués
à notre tour, et nous envoyâmes demander du
renfort au colonel Quinet. Celui-ci détacha du
Luxembourg et nous donna pour auxiliaires
deux compagnies de jacobins ivres, les deux
seules véreuses de la légion, les deux seules
qui aient été désarmées après la victoire de
l'ordre. Ces aimables camarades nous décla-
rèrent positivement qu' « ils nous f..... des
coups de fusil dans le ..... si nous tirions sur
le peuple.» Nous étions tous résolus, cependant,

de faire notre devoir; mais nous passâmes là huit ou dix heures qui n'étaient pas gaies, jusqu'à ce qu'on eût remplacé ces chenapans par deux compagnies de la mobile auxquelles s'adjoignit, le samedi soir, un demi-bataillon de la ligne. On craignait encore de voir l'émeute attaquer cette grande artère de Paris. Mais il n'en fut rien. Nous eûmes deux hommes blessés par des balles parties du pont Saint-Michel, et un coup de fusil à vent fut tiré sur nous du quai des Orfèvres ; voilà tout. Harassés par deux jours et deux nuits passés sur le pavé, nous fûmes ramenés dans notre quartier le dimanche matin; et tout mon bataillon, le premier réuni sur la place Saint-Sulpice, reçut une nouvelle distribution de cartouches pour aller enlever une barricade qui se formait, disait-on, près de la Bourse. Nous trouvâmes bien la barricade, haute et large, mais plus d'émeutiers. Tu vois qu'en définitive j'en ai été quitte pour la fatigue, et que je n'ai pas couru personnellement de danger sérieux (1). »

1. Lettre du 22 juillet 1848.

Tout en faisant son devoir, le fusil à la main, M. Lamache n'oubliait pas que le peuple se conquiert par l'intelligence, par le cœur, par la bienfaisante contagion de la foi et de la charité, plutôt que par la force. En 1848 et 1849, il présida, à la paroisse Saint-Sulpice, une association d'ouvriers, au service de laquelle il mit son beau talent de parole : elle portait, selon le goût du moment, la qualification assez bizarre de *Club de Saint François-Xavier*. Des orateurs de grand renom y vinrent sur sa demande ; je lui ai entendu raconter qu'étant allé prier M. de Montalembert d'adresser la parole, un dimanche matin, à ses chers ouvriers, il arriva chez l'illustre orateur à une heure fort inopportune ; M. de Montalembert était absorbé par la préparation du discours qu'il devait prononcer à l'Assemblée Constituante, pour défendre l'inamovibilité de la magistrature, menacée par les passions révolutionnaires (1) : aussi refusa-t-il, avec

---

1. Le discours fut prononcé le 10 avril 1849, et fit écarter l'amendement qui voulait soumettre la magistrature à une investiture nouvelle. *Œuvres* de M. de Montalembert, t. III, p. 156.

quelque humeur, l'invitation de M. Lamache. Quelque temps après, celui-ci, rentré chez lui, entendit frapper à la porte de son cabinet : c'était M. de Montalembert qui accourait, s'excusant, avec une humilité touchante, des paroles un peu vives qui lui étaient échappées, rétractant son refus, et promettant le plus dévoué concours à une œuvre qu'il devait citer plus tard, dans un éloquent écrit, entre toutes celles « qui sont la bénédiction spéciale de notre pays, l'honneur de notre temps, l'espoir, l'unique espoir de notre avenir (1). »

Une des meilleures créations de la République de 1848 était sortie, chose surprenante, de la confusion des premiers jours. Moins de deux semaines après le 24 février, le Gouvernement provisoire créa une Ecole d'administration, destinée au recrutement des divers services administratifs dépourvus jusque-là d'écoles préparatoires. M. Lamache se trouvait

1. C'est en ces termes magnifiques que, dans son livre *Des intérêts catholiques au* xixe *siècle* (3e éd., p. 62), M. de Montalembert célèbre, à côté de l'œuvre de Saint François Régis, « celle de Saint François Xavier, qui consacre les loisirs des riches à l'instruction des ouvriers. »

prêt à cet enseignement. En juin 1848, il avait
pris part à un concours ouvert devant la
Faculté de Droit de Paris pour une chaire de
droit administratif vacante à Rennes, et y avait
obtenu le troisième rang. Les membres du
conseil d'administration de la nouvelle école
le demandèrent, et un arrêté du 16 août 1848
l'y nomma maître de conférences. Il remplit
cet emploi jusqu'à la suppression, le 9 août 1849,
de cette utile institution. « qui n'eut qu'une
existence éphémère, mais dont le souvenir
n'est pas resté étranger à la création de l'Ecole
des sciences politiques, aujourd'hui si pros-
père. »

Une chaire de droit administratif étant
devenue vacante à la Faculté de Paris, M. Lamache se disposait à prendre de nouveau part
au concours, quand un décret l'appela à un
poste élevé dans la hiérarchie universitaire. La
loi sur la liberté de l'enseignement secondaire, si
ardemment désirée par lui, et si obstinément
refusée par la monarchie de juillet aux demandes
des catholiques, avait été proposée, en 1849,
sous le ministère de M. de Falloux, et votée,

l'année suivante, sous celui de M. de Parieu. Je n'ai pas à rappeler ici les bienfaits de cette loi : sa modération même, l'esprit de loyale transaction dont ses auteurs avaient été animés, leur volonté bien arrêtée de ne pas pousser la victoire à l'extrême, et de désarmer leurs adversaires sans les écraser, ont assuré sa solidité : c'est par là qu'elle a survécu dans ses parties essentielles aux régimes les plus divers, résisté aux hostilités les plus menaçantes, et qu'aujourd'hui encore les ennemis de toutes les libertés qui pourraient profiter au christianisme hésitent avant de porter la main sur elle. Entre autres réformes de détail, la loi sur la liberté de l'enseignement instituait un conseil d'instruction publique par département : elle y introduisait l'évêque, des magistrats, des pères de famille, et en faisait une représentation véritable de toutes les autorités sociales. Il avait paru convenable que l'Université fût représentée dans le même conseil par un haut dignitaire ; on avait donc décidé que les ressorts académiques seraient à la fois augmentés en nombre et diminués en étendue,

de manière à former une académie par département, à la tête de laquelle serait placé un
recteur. M. Lamache n'appartenait pas à l'Université ; mais le ministre, qui le tenait en
grande estime, lui offrit spontanément les fonctions de recteur de l'Académie départemen-
tales des Côtes-du-Nord. Il fut nommé le
10 août 1850.

On croira difficilement que la décentralisa-
tion de l'autorité universitaire ait eu pour but
principal de la fortifier. Le véritable auteur de
la loi de 1850, M. de Falloux, attaqué un jour,
au sujet de la création des nouveaux recteurs,
par un catholique intransigeant, qui y voyait
un accroissement de puissance pour l'enseignement de l'Etat, n'eut pas de peine à se justifier : « Ce n'est pas, dit-il, l'Université mul-
tipliée par 86 ; c'est (grande différence d'opé-
ration) l'Université divisée par 86. » Cela
revient à dire que l'institution nouvelle devait,
en le divisant, diminuer le poids dont l'établissement universitaire pesait sur l'enseignement,
et, par conséquent, profiter à la liberté. Mais
ni dans la pensée des législateurs qui avaient

essayé de concilier, par un honnête accord, le
maintien de l'enseignement d'Etat et l'indépendance de l'enseignement libre, ni dans les
intentions des hommes honorables appelés aux
rectorats départementaux, ceux-ci n'étaient
des postes de combat, d'où l'on devait tirer en
trahison sur l'Université elle-même. Telle
n'était pas assurément la pensée de M. Lamache. Chez ce partisan ancien et **résolu** de la
liberté de l'enseignement, la fermeté des convictions s'alliait au langage modéré et au sens
pratique. Aussi, pour être aujourd'hui, dans
son ressort académique, un loyal représentant
de l'Etat, n'avait-il rien à sacrifier de ses principes. Il lui suffisait de suivre la voie tracée
dans sa brochure de 1845, et de travailler à
faire vivre en paix deux forces rivales, destinées à agir utilement l'une sur l'autre par une
bienfaisante concurrence. C'était le véritable
esprit de la loi qu'il était chargé d'appliquer.
Comme M. de Montalembert l'avait dit quelques mois auparavant, dans un discours prononcé à Saint-Brieuc, « elle offrait les bases
d'une transaction excellente, d'une paix hono-

rable pour tout le monde, où il n'y aura de victoire que pour le bien, et d'humiliation pour personne (1). » Ces paroles n'étaient pas oubliées quand M. Lamache arriva dans le chef-lieu des Côtes-du-Nord ; et son passé lui donnait le droit de les prendre pour règle. Aussi, n'eût-il pas souffert que les intérêts même les plus respectables empiétassent sur le domaine dont la garde lui avait été confiée. Je lui ai entendu raconter que, invité pendant son rectorat à la distribution des prix d'un collège libre, il s'y était rendu de grand cœur, heureux de donner à des idées qui lui étaient chères une marque officielle de sympathie. Mais l'orateur chargé du discours d'usage ayant laissé échapper des paroles qui lui parurent blessantes pour l'Université, il s'était aussitôt levé, et avait quitté la salle, croyant agir ainsi non seulement en fonctionnaire, mais en honnête homme.

M. Lamache eut vite conquis et charmé la population au milieu de laquelle il était appelé

1. Discours prononcé à Saint-Brieuc, le 18 août 1849. *Œuvres* de M. de Montalembert, t. III, p. 233.

à vivre. J'en trouve un témoignage touchant dans une lettre qu'a bien voulu m'écrire un éminent érudit breton. Résumant ses souvenirs sur M. Lamache, M. le vicomte Hersent de la Villemarqué le revoit d'abord aux jours de leur commune jeunesse, « marchant entre Ozanam et Lallier, qu'il dominait de la tête, de l'élégance et de la grâce. Ce qui me frappait en lui, c'était précisément cette grâce. Ozanam était sombre et avait l'air inspiré; Lallier, une grande bonhomie; Paul Lamache attirait. » M. de la Villemarqué ajoute : « L'impression que j'éprouve encore a été ressentie par tous les Bretons à Saint-Brieuc (1). » Non seulement M. Lamache les séduisit, mais encore et surtout l'indépendance comme la franchise de ses allures lui gagnèrent vite la confiance d'une race qui met volontiers l'entêtement dans le bien au premier rang des vertus. « Assez maladroit de ma nature, écrivait M. Lamache, raide et vif de caractère, inflexible devant toute demande qui ne me paraît pas juste, même quand elle est

1. Lettre du 16 avril 1893.

appuyée par de hauts personnages, je ne comprendrais pas comment j'ai pu obtenir des sympathies aussi générales, si je ne savais que Dieu seconde ceux qui placent leur confiance en lui, et si nos Bretons n'étaient de braves gens avec lesquels le plus sûr est de marcher droit et ferme (1). » Les fonctionnaires eux-mêmes paraissaient comprendre et respecter cette droiture, qui devenait volontiers intraitable : « Vous êtes une diable de barre de fer, disait un jour à M. Lamache, en riant, le préfet des Côtes-du-Nord; heureusement qu'il y a de l'or en dessous. » Les catholiques, le clergé, lui montraient surtout une grande confiance. Ils le voyaient employer, sous leurs yeux, toute son influence au profit de l'œuvre naissante des Petites Sœurs des pauvres (qu'il devait plus tard aider aussi à s'établir en Alsace, en les y recevant dans sa maison jusqu'à ce qu'elles aient trouvé une demeure); ils savaient le rôle qu'il avait joué, jadis, dans tous les combats livrés en faveur de la religion et de la charité. Parmi ceux dont l'amitié lui fut le plus promp-

1. Lettre du 14 juin 1853.

tement acquise était M. l'abbé Espivent, alors curé de la cathédrale de Saint-Brieuc, et qui devint évêque d'Aire. Cette amitié survécut au temps et à la distance, car, vingt ans plus tard, le vénérable prélat, atteint d'une maladie mortelle, adressait à l'ancien recteur cette touchante lettre d'adieux : « Je me soumets sans peine à la volonté de Dieu, parce qu'il me semble que, plus tard, je ne serais pas mieux préparé qu'il ne me fait la grâce de l'être en ce moment. Je vous donne rendez-vous dans le ciel. Il m'est doux d'être certain que vous ne m'oublierez pas. Je me recommande, mort ou vif, aux prières de votre pieuse femme, de vos angéliques filles, de vos bons jeunes gens. Je vous bénis avec la plus tendre affection (1). »

M. Lamache n'eut pas besoin de longues années pour inspirer de tels sentiments. Son séjour dans les Côtes-du-Nord devait être de courte durée. Dès 1852, Louis-Napoléon, revenant aux idées de centralisation et de despotisme qui n'ont cessé depuis lors de prévaloir, projetait de supprimer les rectorats départe-

_____

1. Lettre du 23 novembre 1876.

mentaux. Même avant que l'empire fût fait, un
sûr instinct lui faisait reconnaître dans la mul-
tiplicité des conseils un obstacle à la centralisation, et dans le recteur installé au chef-lieu
de chaque département une force intelligente,
capable de balancer l'omnipotence du préfet.
Là politique napoléonienne essayait, dès lors,
de persuader au clergé et aux catholiques que
toute mesure restreignant les libertés publiques
serait profitable à l'Église, et que celle-ci aurait
sa part de toutes les conquêtes du despotisme.
Les événements se chargeront, en peu d'années, d'éclairer ceux qui auraient été tentés de
répondre à ces avances; en Bretagne, ils furent
peu nombreux, si j'en juge par une lettre de
M. Lamache :

« Mon emploi — écrit-il le 9 mai 1852 —
est à la veille d'être supprimé. Le décret qui
avait été ajourné reparaît sous forme de projet de loi, et ce projet va passer, comme tout
ce que veut le Président, sans aucune résistance, ni du Conseil d'Etat, ni du Corps légis-
latif.

« Même en faisant taire un instant mes

préoccupations personnelles, je suis profondément affligé de la destruction du principe de
la liberté de l'enseignement et de l'établissement de ce *monopole à deux*. Ceux des membres du clergé qui auraient été assez aveugles
pour désirer cette nouvelle législation ne tar-
deront pas à éprouver d'amers regrets ; mais il
sera trop tard. Ici, l'évèque et tous les ecclésiastiques éclairés voient avec peine un changement qui ne leur apporte aucune force réelle,
et dont ils pressentent les périls. Je sais que
M. de Montalembert blâme hautement cette
destruction de la loi du 15 mars 1850. Je ne
puis me l'expliquer que par deux motifs : la
haine du pouvoir contre toute liberté, et son
désir de transformer les préfets en vice-rois,
de ne laisser subsister à côté d'eux aucune
autorité qui ne soit leur servante. »

La réforme, cependant, se fit moins vite que
ne l'avait craint M. Lamache. Les rectorats
départementaux ne furent supprimés qu'en
1854. L'ancien recteur de Saint-Brieuc, sous
la loi libérale de 1850, parut probablement
impropre à remplir des fonctions « qui revê-

taient désormais un caractère exclusivement universitaire et s'exerceraient sous une loi de monopole ; » aussi ne fut-il pas compris parmi les nouveaux recteurs. M. Fortoul, qui l'avait fait l'année précédente officier de l'instruction publique, lui fit donner, en compensation, la croix de la Légion d'honneur, et s'honora lui-même en l'appelant à un poste qui devait mettre en un plus grand relief ses rares aptitudes pour l'enseignement public. M. Lamache fut nommé, le 22 août 1854, professeur de droit romain à la Faculté de Strasbourg.

VII

Avec la nomination de M. Lamache à Strasbourg s'ouvrit une des plus heureuses périodes de sa vie. Comme Paris avait été la patrie de sa jeunesse, Strasbourg fut celle de son âge mûr. Toutes ses affections s'y enracinèrent : il se fit Alsacien **par le cœur**, par les habitudes, par les amitiés, et devait un jour pleurer l'Alsace comme s'il y fût né.

Avec quelle hauteur de vues il regarda ses nouvelles fonctions, soit dans sa chaire de droit romain, soit dans celle de droit administratif, qui lui fut confiée en 1859, on en jugera par ce touchant passage d'une lettre adressée à un jeune étudiant qui avait sollicité ses conseils :

« **Je souhaite de tout mon cœur que vous deveniez un homme distingué. Je le souhaite non seulement par amitié pour vous, non seu-**

lement par affection pour votre excellent père,
mais aussi parce que la religion est intéressée
à ce que les hommes croyants et pieux l'empor-
tent sur les autres, autant qu'il dépend d'eux,
par le savoir et le talent, par leur habileté professionnelle comme par leur intégrité et leur
délicatesse, et même par le charme de leur
commerce, par l'aménité de leur caractère, par
la gaieté aimable et de bon goût qu'ils apportent dans les relations du monde. *Sursum
corda!* Proposez-vous en toutes choses la plus
grande gloire de Dieu. Ce motif supérieur
n'exclut aucune des considérations secon-
daires et légitimes qui peuvent stimuler l'activité humaine; mais il donne à l'homme une
énergie persévérante et calme dans l'accomplissement de tous ses devoirs; il ennoblit
tout, il prévient le découragement dans l'échec,
il empêche, dans le succès, les sottes infatua-
tions de l'amour-propre. Pour ma part, lorsque
je me suis appliqué le conseil que je prends la
liberté de vous donner, je m'en suis toujours
bien trouvé, même humainement; et encore
aujourd'hui, si je prépare mon cours avec

)eaucoup plus de soin que ne l'exigerait ma
responsabilité officielle, c'est que je me tiens
certain de plaire à Dieu en me rendant aussi
utile qu'il m'est possible à mon jeune audi-
oire et en faisant tous mes efforts pour que
es services et l'autorité morale du profes-
eur donnent quelque crédit aux exemples du
royant (1). »

Tel était le professeur et le chrétien. Mais le
moment approchait où celui-ci nuirait à celui-
à, et où l'affirmation trop franche de la foi
catholique ferait obstacle aux plus légitimes
ambitions. M. Lamache ne tarda pas à l'éprou-
er. Ses services, la valeur de ses leçons, lui
créaient des titres à un avancement rapide.
Malgré l'attrait qu'avait pour lui l'enseignement
du droit, des considérations de famille lui
irent désirer le poste plus avantageux de rec-
eur, qu'il avait occupé jadis. « Moins que
amais j'espère y être appelé, écrit-il en 1861.
Les *catholiques avant tout*, au nombre desquels
on me fait l'honneur de me compter, sont loin
d'être en faveur près du gouvernement et du

1. Lettre du 13 novembre 1862.

ministre de l'instruction publique (1) depui
l'étrange tournure que prennent les affaire
d'Italie. Dieu me fait la grâce de me confier c
sa bonté pour l'avenir de mes enfants (2). »
faut avouer que M. Lamache ne pratiquai
guère les moyens de parvenir. Ayant envoyé
la *Revue Européenne,* lue et patronnée par l
ministre, un article important, qui eût pass
sous ses yeux, il s'empressa de redemander l
manuscrit dès qu'il sut que cette revue allai
publier un travail de M. de la Guéronnière, l
rédacteur présumé de la célèbre brochure *l*
Pape et le Congrès. L'article de M. Lamach
parut dans la *Revue critique de Législation et d*
Jurisprudence, qui n'avait pas le patronag
ministériel. C'est l'*Etude historique et juridi-*
que sur les spectacles et la condition légale de
acteurs chez les Romains, œuvre à la fois ému
et savante, où le cœur du chrétien, le talent d
l'écrivain, échauffent la plume de l'érudit et d
jurisconsulte. Annonçant à un ami l'envoi d
son écrit : « Tu verras, dit-il, dans un seu

1. M. Rouland.
2. Lettre du 13 mars 1861.

trait des mœurs romaines, de quelles turpitudes et de quelles horreurs le christianisme nous a délivrés ! Je suis persuadé que l'Europe ne tarderait pas à retomber dans un abîme de corruption non moins profond si les sociétés secrètes, les rationalistes et les révolutionnaires parvenaient à y étouffer l'esprit chrétien (1). »

Quelques mois après avoir écrit ces lignes, M. Lamache avait la douleur de voir le gouvernement impérial, de plus en plus trompé sur ses vrais intérêts comme sur son véritable rôle, calomnier et menacer la Société de Saint-Vincent de Paul. Au mois d'octobre 1861, le ministre de l'intérieur, M. de Persigny, lançait la fameuse circulaire par laquelle il s'efforçait d'en briser la constitution, d'en rompre les liens, et de réduire en fragments sans cohésion et sans vie la charitable fédération dont l'union avait fait, depuis vingt-huit ans, la force et la fécondité. « La mesure prise à l'égard de la Société de Saint-Vincent de Paul, que l'on détruit tout en permettant d'autoriser l'existence individuelle des conférences, m'a pro-

1. Même lettre.

fondément peiné, mais ne m'a pas surpris, écrit M. Lamache. Ce qui m'afflige le plus, c'est de voir d'honnêtes gens se persuader qu'en effet le conseil central et les conseils provinciaux faisaient de la politique, car je ne puis admettre que M. de Persigny ait menti sciemment ou qu'il se soit trompé grossièrement quand il avait tant de moyens de s'éclairer. J'ai déjà eu l'occasion de combattre cette grossière erreur, pour ne pas dire cette infâme calomnie (1). » Son avis est qu'il ne faut ni céder, ni résister avec violence de paroles, mais maintenir son droit avec une calme et froide énergie. Conformément à l'opinion du président général, M. Baudon, il pense que chaque conférence doit demander l'autorisation prévue par la circulaire, mais se refuser à rompre les liens avec les conseils de la Société. Il attend beaucoup du temps, de la réflexion, de la force des idées sur des adversaires qui sont encore plus égarés ou plus ignorants que mauvais. « Le Conseil général de notre Société continue de se réunir, ayant su, par une com-

____

1. Lettre du 15 octobre 1861.

munication orale mais officielle, qu'il pouvait le faire provisoirement. Tout me fait penser que le gouvernement n'est pas loin de reconnaître qu'il s'est trompé, et qu'en agissant avec ensemble, avec convenance et respect, mais avec franchise et fermeté, nous avons beaucoup de chances d'obtenir qu'on laisse subsister notre chère Société (1). »

Ses espérances devaient se réaliser, mais après quelque temps ; et, en attendant, beaucoup de conférences, par timidité ou découragement, se prêtaient avec une docilité regrettable aux exigences du ministre. M. Lamache les blâme, avec sa fermeté et sa modération accoutumées. « Le désarroi de votre conférence de Saint-Vincent de Paul m'afflige, mais ne m'étonne pas, écrit-il. Le même fait doit se reproduire dans un grand nombre de localités. Le Pouvoir savait bien qu'en décapitant notre Société, il la frappait à mort, et qu'un grand nombre de conférences se transformeraient, les unes en associations purement philanthropiques, les autres en

1. Lettre du 10 novembre 1861.

simples congrégations paroissiales. Continuez,
mon cher ami, de faire votre possible pour
maintenir parmi nos confrères l'observation du
règlement et l'esprit de la Société. Pour ma
part, je pense que, dans les circonstances
actuelles, la lecture la plus utile au commencement de chaque séance est celle d'un certain nombre de pages du règlement et des instructions qui l'ont commenté. Si notre Société,
beaucoup trop vantée, mais digne cependant
de toutes nos sympathies, est regardée d'un œil
favorable par le bon Dieu, si elle doit contri-
buer encore quelque peu au soulagement des
pauvres et au salut de ses membres, la Providence saura faire en sorte que la faculté de se
réorganiser sur ses anciennes bases lui soit
rendue avant que ses tronçons aient perdu
toute vitalité. A votre place, donc, je conti-
nuerais de combattre par la charité, par la persuasion, par la prière, pour sauver les conférence de C... ; mais, si malgré tous mes efforts
elle se dénaturait, je n'hésiterais pas à m'en
retirer; je déclarerais ne plus vouloir faire
partie d'une Société qui. répudiant ses tradi-

tions et son règlement, a perdu moralement le droit de s'intituler *conférence de Saint-Vincent de Paul*; et tout en respectant les sentiments et la conduite de ceux de mes anciens confrères qui croiraient devoir former une association *de bienfaisance* ou, en sens inverse, une *congrégation*, je tiendrais à ce que les motifs de ma retraite fussent insérés au procès-verbal, afin qu'ils restassent comme un *memento* de l'existence de la *conférence* et, peut-être, comme une pierre d'attente pour une reconstruction dans des jours meilleurs (1). » L'ami auquel M. Lamache manifestait ainsi ses sentiments fut contraint, par les circonstances, de suivre le conseil contenu dans ces dernières lignes : « Je vous félicite, lui écrivit l'ancien ami d'Ozanam, du parti que vous avez pris de quitter une conférence qui s'écarte complètement de l'esprit de son institution, et où vos protestations n'avaient plus d'autre effet que de compromettre la charité réciproque des membres (2). »

1. Lettre du 21 juillet 1862.
2. Lettre du 18 octobre 1862.

8.

La fière et calme attitude que préconisait
M. Lamache, exempte à la fois de provocation
et de faiblesse, ne pouvait manquer de produire peu à peu le résultat désiré, en usant les
efforts d'un gouvernement vacillant dans ses
résolutions, et mal assuré de la bonté de sa
cause. « Nos conférences de Saint-Vincent de
Paul marchent bien, écrivait M. Lamache en
1863, et, malgré les circulaires de M. de Persigny, l'administration ne cesse pas de nous
donner des témoignages significatifs d'estime.
Tout récemment encore, M. S..., juge d'instruction, protestant de culte, a rendu à la liberté
un jeune garçon qui avait été compris dans une
razzia faite par la police dans des taudis sus-
pects, mais dont l'unique crime était la misère
et le défaut de travail. M. S..., pour lui procurer assistance matérielle et morale, l'a adressé
à M... Après l'avoir nourri pendant quelque
temps, nous l'avons envoyé à Mulhouse, en
payant son voyage. Nos confrères de Mulhouse
avaient pu, en effet, sur notre prière, lui procurer un emploi. Grâce à ces relations entre
les conférences des différentes villes, que

M. de Persigny déclare inutiles, voilà un homme sauvé du vagabondage et de la *male-suada fames* (1) ! »

M. Lamache cite encore un autre trait, qui semble détaché du *Roman comique*. « Récemment, dit-il, arrive de Pologne à Strasbourg une troupe de comédiens, dans un dénûment absolu. Un incendie avait détruit, à Kehl, toutes leurs ressources, leurs bagages, leurs vêtements. Ils s'adressent au commissaire central. En attendant qu'on puisse leur procurer le moyen de continuer leur route jusqu'à Paris, que faire de ces vingt personnes qui, à elles toutes, n'avaient pas vingt sous? C'est nous que le commissaire central a priés de les nourrir. Pendant toute une semaine ils ont, chaque jour, déjeuné, dîné, soupé à notre fourneau Saint-Joseph. La bonne sœur les servait à part, dans une pièce séparée, pour ménager leurs susceptibilités. La *prima donna* de cette troupe de cabotins était une ancienne élève du Sacré-Cœur ! Ces pauvres gens ont été parfaits de tenue, ne sachant comment exprimer

1. Lettre du 23 janvier 1863.

leur respect et leur reconnaissance à la sœur. Au moment du départ, non seulement ils ont accepté avec bonheur et promis spontanément de porter jusqu'à la fin de leur vie les médailles offertes par la sœur; mais ils ont demandé aussi la permission d'emporter chacun un de nos *bons*, « comme un souvenir de l'assistance si délicate et si généreuse qu'ils avaient reçue dans leurs jours d'infortune. » N'est-ce pas touchant (1)? »

La fermeté des principes, la fierté de l'attitude s'alliaient chez M. Lamache à la plus aimable simplicité de mœurs. Il faut l'avoir vu à Strasbourg, dans son cadre familial, s'être assis à son foyer, avoir goûté son hospitalité simple et cordiale, pour le connaître tout entier. Comme les hommes de sa génération, il savait rire. Ce cœur, resté pur, eut toujours, au milieu même des plus graves soucis, la gaieté de ses vingt ans. Sa maison s'ouvrait volontiers : on se faisait honneur d'y être admis; les causeries des vieux amis ne s'effrayaient pas des joyeux ébats de la jeu-

1. Lettre du 28 janvier 1863.

esse. Car il était bon et accueillant pour les
eunes gens. Il estimait que le devoir du pro-
esseur n'est pas accompli quand la leçon est
erminée, et il s'appliquait à exercer par la
parole et par l'exemple un véritable apostolat
religieux et moral sur les étudiants. L'isole-
ment de quelques-uns d'entre eux, jetés loin
de la famille au milieu d'une ville universitaire, excitait surtout sa sollicitude. Que de
conseils il leur prodigue! que d'invitations il
leur adresse! que de promenades il fait en
leur compagnie! Et, les études de droit ache-
vées, de quelle bonne grâce il entretient avec
le jeune avocat ou le jeune magistrat un commerce épistolaire, destiné quelquefois à se
nouer en une solide et durable amitié! Je viens
de lire avec une émotion profonde une de ces
correspondances : elle a duré plus de trente
ans, avec une fidélité admirable chez l'ancien
maître et chez l'ancien élève, parvenu à un
poste élevé de la magistrature d'où l'*épuration*
de 1883 le fit descendre. Mais plus touchants
peut-être encore sont les rapports que M. Lamache avait avec des jeunes gens d'humble

condition, dont ses fonctions ne le rappro
chaient pas, mais vers lesquels le portait s
charité. Il aimait à fréquenter l'école où de
instituteurs volontaires donnaient l'enseigne
ment aux soldats de la garnison. On veut bie
me communiquer une lettre adressée par lu
à un caporal de chasseurs à pied, qui y avai
pris ses premières leçons de lecture. C'est u
chrétien qui écrit à un chrétien : les diffé
rences d'âge, d'origine, d'éducation s'effacen
ou plutôt se fondent dans une nuance et un
mesure exquises :

« Mon cher monsieur G..., je vous remerci
de la bonne et affectueuse lettre que vou
m'avez écrite. Je conserve de vous le plu
affectueux souvenir, non seulement parce qu
les amis de l'excellent M. M... sont aussi le
miens, mais parce que vous méritez personnellement l'estime et la sympathie des honnêtes gens, de ceux-là surtout qui sont er
communauté de foi avec vous et qui ont le
bonheur de connaître et d'aimer le bon Dieu.
J'ai su par Auguste B... que la vie du camp,
ennuyeuse pour tous, l'était particulièrement

ir vous à cause des corvées fatigantes dont
is êtes chargé comme caporal d'ordinaire.
us trouvez là chaque jour, monsieur et ami,
e occasion de gagner quelques mérites
ant Dieu; il suffit pour cela de lui offrir le
tin par une courte et simple élévation du
ur toutes les actions et toutes les peines de
re journée. D'un autre côté, je me suis
oui d'apprendre que votre santé continuait
tre excellente. Adieu, mon cher monsieur
. Mme Lamache vous porte aussi un bien-
llant intérêt, et elle s'unit à moi pour vous
mander le secours de vos bons conseils et
vos pieux exemples pour B... — Votre ami
Notre–Seigneur Jésus-Christ : LAMACHE. »
Tel on l'avait vu à Strasbourg, tel on le
rouvait dans ses villégiatures d'été, au Hoh-
ld ou à Honcourt. Les belles courses aux
ncs des Vosges! les belles montées dans les
is de sapins! les belles escalades de châteaux
ruines! les beaux récits de légendes! Peu
ommes aussi bien que lui savaient conter,
t qu'il rappelât les souvenirs de sa jeunesse
i avait fréquenté tant de gens illustres et

remué tant de grandes idées, soit qu'il r
mât ses observations sur la contrée pittores
devenue son pays d'adoption. Heureux ceu
qui il a dit, comme à deux jeunes gens ve
de Rouen, en 1864, le visiter dans son p
chalet du Hohwald : « Voulez-vous connaî
l'Alsace ? Voulez-vous voir beaucoup de cho
que les *Guides* ne décrivent pas, et laisser
côté beaucoup de choses qu'ils ordonnent im
rieusement de visiter ? voulez-vous recuei
de la bouche des bûcherons ou des pays
leurs traditions, leurs superstitions et le
légendes ? voulez-vous pénétrer dans le sec
des sapinières, surprendre les rayons de
lune glissant à la surface des lacs endormis
les crêtes des montagnes, sonner à la porte
ermitages perdus au fond des bois ? voulez-vo
faire un voyage que vous ne referez plus qua
vous serez devenus des hommes graves,
bourgeois posés, ayant pignon sur rue, femm
et enfants au logis ? Dans ce cas, prenez
bâtons, vos albums, vos crayons, chaussez
bottes de dix lieues, et laissez-vous conduire
Avec quelle joie on le suivait, oubliant parf

à l'entendre l'âpreté des sentiers à pic et la fuite des heures! Qui a visité l'Alsace à pied avec lui, le sac au dos, connaît vraiment la chère province française.

Il est inutile de dire que la question religieuse, plus vivement posée en Alsace que partout ailleurs par la coexistence des protestants et des catholiques en nombre presque égal, revenait souvent dans ses entretiens. Avec sa loyauté habituelle il reconnaissait, sans pouvoir s'en expliquer la cause, la supériorité presque générale des villages protestants sur les villages catholiques pour le ménage des champs et le gouvernement de la maison (1), mais, dès qu'on s'élevait plus haut que l'intérêt économique, le désarroi intellectuel de la religion réformée lui apparaissait avec non moins d'évidence. « Strasbourg, disait-il, présente à l'observateur un champ d'études d'un immense intérêt. Nulle part on ne voit plus clairement le travail de destruction qui s'est opéré au sein du protestantisme. Le peuple croit encore à la divinité de Jésus-Christ,

1. Lettre du 13 juin 1869.

et vaguement aux principaux mystères que
Luther admettait ; mais un fait vous montrera
où en est venue la confusion de cette Babel.
L'an dernier (1863), au Hohwald, qui est une
réunion de trois sections appartenant à des
communes différentes, le maire de l'une d'elles
se présente pour opérer le recensement, et il
demande au pasteur protestant à quelle communion ses ouailles appartiennent. « Au culte
réformé (c'est-à-dire calviniste) », répond le
pasteur. Un peu étonné, le maire se transporte
chez l'instituteur communal protestant : « Mais
pas du tout, dit celui-ci. Je ne sais si le pasteur
est calviniste, mais, à coup sûr, les protestants
du Hohwald appartiennent à la confession
d'Augsbourg. » Le maire recourt à un tiers
arbitre. Il s'adresse à un cultivateur protestant, marié à une catholique : « A quel culte
appartenez-vous ? au culte réformé, ou à la
confession d'Augsbourg ? — Ma foi, je n'en
sais rien ; à celui qui vous plaira, monsieur le
maire. — Jean, lui dit alors sa femme, je
t'avais bien dit que tu ne savais seulement pas
de quelle religion tu es. »

L'indifférence naïve du paysan pouvait le faire sourire ; mais, malgré sa grande charité, l'indifférence savante ou le scepticisme voilé de certains chefs du protestantisme alsacien étonnait sa droiture et faisait naître en lui un sentiment assez voisin de l'indignation. « Quant aux théologiens, disait-il, et aux pasteurs, ils se fractionnent en deux bandes, le *parti orthodoxe* et le *parti du progrès*. Le parti orthodoxe est le moins influent et le moins nombreux ; c'est le plus animé contre le papisme, mais encore on y est chrétien, et il s'y trouve plusieurs ministres dignes par leurs vertus d'être éclairés de la pleine lumière ; il pousse vers le piétisme ses âmes d'élite, ses âmes naturellement dévotes. Le talent, l'influence, toutes les chaires de la Faculté de théologie appartiennent au *parti du progrès*, c'est-à-dire aux rationalistes. En ce moment une chaire est vacante à cette Faculté. Un des deux concurrents qui se la disputent a soutenu récemment sa thèse de docteur, qui traitait *du Messie*. Un professeur à la Faculté de médecine, catholique, mais rien moins que fanatique, qui a eu la bonne fortune d'assister

à la soutenance, me disait : « Je suis sorti de
là profondément attristé. Evidemment, ni le
candidat ni les juges ne croient à la divinité de
Jésus-Christ ni aux miracles. » On évite, du
reste, les négations directes, qui choqueraient
les simples. La thèse imprimée de M. C... est
un échantillon de ce genre qui ne trompe guère
que les bêtes de l'*In exitu* (*oculos habent, et
non videbunt*)..., et qui laisse au ministre du culte
soi-disant chrétien le bénéfice de son emploi
et de son traitement, tout en lui assurant des
amis parmi les libres penseurs et en le posant
comme un esprit indépendant et vigoureux.
C'est triste, même au point de vue de la simple loyauté.

« Le protestantisme ne se soutient ici que
par l'influence politique et l'habileté administrative de ses principaux chefs, par les gros
revenus de la fondation de Saint-Thomas, et
par les préjugés incroyables et invétérés que
les protestants ont sucés avec le lait. Une brave
et pieuse femme, protestante, ouvrière, racontait récemment à un de mes collègues que
c'est Luther *qui a délivré la Bible* ; qu'avant lui

il n'y en avait qu'un seul exemplaire manuscrit, *enchaîné dans un couvent*, soustrait avec un
soin pieux aux regards des fidèles, etc... Il y
aurait — concluait M. Lamache — un bien
interessant travail à faire sur l'état du protestantisme en Alsace, travail qui devrait se
borner aux traits généraux relevés par quelques particularités saillantes, et où le point
délicat serait de concilier la vérité avec les
ménagements infinis dus aux personnes (1). »

L'extrême licence d'opinions laissée aux
ministres de la religion protestante ne cho-
quait pas moins, en certaines circonstances,
son cœur que sa raison. Il le dit éloquemment,
dans une belle lettre adressée à l'un des plus
distingués et des plus chers parmi ses anciens
élèves, qui venait de perdre un petit enfant :

« Comme chaque circonstance de la vie
nous fournit l'occasion de remercier Dieu de la
grâce de la foi qu'il a bien voulu nous accorder !
Les parents non croyants ne sont pas moins
exposés que nous à perdre leurs enfants; mais
nous avons, nous, la certitude que le cher

1. Lettre du 8 avril 1864.

enfant qui est enlevé à nos baisers, encore revêtu de la robe d'innocence baptismale, entre immédiatement dans le paradis. Notre cœur saigne sans doute, et Dieu permet ces larmes, mais il les adoucit en même temps par la pensée que le salut éternel de notre cher enfant est assuré; que le cher petit ange, dérobé pour un temps à nos regards, ne l'est pas aux saintes et mutuelles affections de la famille; qu'il sera, près de Dieu, un protec-teur pour nous et pour les frères et sœurs qui viendraient plus tard le remplacer près de ses parents; qu'enfin nous le retrouverons un jour, nous le reverrons, nous le reconnaî-trons! J'assistais récemment à un enterrement protestant. Dans le discours d'usage, le minis-tre, tout en insistant beaucoup sur l'immorta-lité de l'âme, niait la résurrection des corps. Chacun de ces messieurs se fait, vous le savez, un *Credo* à sa fantaisie. « L'avare tombeau, disait-il, ne rendra jamais la proie qu'il a reçue! » J'étais tenté de l'interrompre et de lui crier : « Monsieur le philosophe, par pitié pour les mères qui sont ici et qui ont perdu des enfants, gardez *in petto* votre aride et désolante négation ! » Le Dieu que nous avons, vous et moi, par un effet de sa miséricorde, le bonheur de connaître et d'aimer, connaît mieux notre nature. Il ne dédaigne point ce corps qui est aussi l'ouvrage de ses mains, ce corps dont la Divinité elle-même a daigné se revêtir en la personne de Notre Seigneur Jésus-Christ. Il le réunira un jour, glorieux, transfiguré, désormais immortel, à l'âme qui était en état de grâce lorsqu'elle s'en sépara. Votre petit enfant vous sera rendu tout entier, mais beaucoup plus beau et plus aimable que jamais. Je ne m'excuse point près de vous, mon cher ami, de n'avoir trouvé au bout de ma plume que des réflexions de l'ordre religieux. On y est forcément ramené lorsque l'on va au fond des choses (1). »

M. Lamache fut un moment tenté par l'étude du protestantisme alsacien, et projeta d'écrire pour un journal deux lettres où serait retracée sa situation numérique, administrative, doctrinale, économique et sociale. Il est regret-

1. Lettre du 16 mai 1866.

table que ce dessein n'ait pas été suivi, car un aussi excellent observateur eût certainement révélé des faits intéressants et peu connus, et il l'eût fait avec cette équité scrupuleuse dont il ne s'écartait jamais. Des préoccupations qui touchaient de plus près encore à sa foi religieuse le détournèrent probablement de l'excursion projetée sur le territoire intellectuel et moral de nos frères dissidents. Une question d'une tout autre nature lui mit subitement, en 1864, la plume à la main. M. Lamache se trouva mêlé, sans s'y être attendu le moins du monde, à la défense d'un grand acte pontifical. On sait l'émotion causée par la publication de l'Encyclique et du *Syllabus* de Pie IX condamnant les erreurs modernes. Ce fut, dans le monde officiel, comme un coup de foudre : beaucoup d'âmes sincèrement soumises et croyantes ressentirent aussi une émotion profonde, et attendirent une explication qui les rassurât. Devinant cette disposition chez un de ses jeunes amis, M. Lamache lui écrivit une longue lettre, dans laquelle le professeur familier avec les principes et avec les textes démontrait que les bases de notre droit public n'étaient pas atteintes par les condamnations du Saint-Père, et en particulier que la thèse absolue de la liberté de conscience, visée par le *Syllabus*, n'avait point un rapport nécessaire avec cette liberté telle que la reconnaissent et la pratiquent en fait presque tous les États modernes. Je dois citer une partie de cette lettre, tant à cause de la valeur des raisonnements, qu'en raison d'un incident curieux et piquant qui s'y rattache :

« Vous avez été fort ému sans doute en lisant l'Encyclique. *Durus est hic sermo* pour nos oreilles françaises. Cependant l'accepter est un devoir, et c'en est un aussi d'empêcher que la déclaration doctrinale émise par le pape ne soit considérée à tort comme réprouvant en fait nos institutions et nos lois.

« Il s'en faut que la législation positive de la France admette la liberté de conscience d'une manière absolue. Un homme appelé à déposer en justice sous la foi du serment ne serait nullement admis à s'y refuser sous prétexte qu'il est athée et que ses opinions en matière

9.

religieuse lui défendent de reconnaître Dieu.
Un Français se ferait mahométan ou mormon,
et prétendrait, au nom de ses nouvelles
croyances soi-disant religieuses, prêcher et
pratiquer la polygamie ou la promiscuité,
vous savez à quelle répression il s'exposerait.
Aucune société ne peut vivre, en effet, sans
un fonds commun de notions morales, qui est
la base sur laquelle tout repose. Si ces
croyances communes sont d'ailleurs intrinsè-
quement vraies, la société a le droit et le devoir
de les protéger par les lois, parce qu'elle a le
droit et le devoir de défendre les conditions fon-
damentales de sa vie morale. Aujourd'hui, en
France et dans la plupart des Etats modernes,
ce fonds commun de croyances est réduit au
minimum, par suite d'une longue série d'événements dont il faut bien tenir compte sous
peine de perpétuer de sanglantes discordes et
de provoquer une invincible résistance de
l'opinion. Mais la preuve que la liberté de
conscience, telle qu'elle existe selon notre
législation positive, est plutôt en réalité une
nécessaire et sage transaction, une consé-

quence des faits historiques qu'un dogme constitutionnel absolu, c'est que les sectateurs d'un culte même chrétien, mais qui n'est pas au nombre des cultes *reconnus* par nos lois, ne peuvent se réunir et fonder un temple pour la célébration de leurs rites sans avoir obtenu une autorisation administrative : telle est, vous le savez, la jurisprudence. »

Notre législation positive n'est donc pas, dit M. Lamache, en opposition radicale de principes avec les doctrines romaines sur la liberté de conscience. Elle ne regarde que les faits, l'intérêt général, et s'embarrasse peu de théories absolues. En vertu des mêmes motifs qui ont guidé nos législateurs, on peut, sans blesser la justice ou l'équité, supposer tel pays, telle époque, où, les faits se présentant différemment, le développement historique de la nation s'étant produit d'une autre manière, l'intérêt général exigerait l'unité religieuse, et proscrirait la diversité des cultes :

« Etant donnée une nation dont tous les membres sont catholiques, sauf une minorité aussi imperceptible et discordante que l'est chez nous celle des matérialistes et des athées ; une nation qui sait et professe que Jésus-Christ est la source divine de la vérité et de la vie morale, que l'Église est son interprète infaillible, que, pour les individus, pour les familles, pour les peuples, la fidélité aux préceptes de la vraie religion est la première condition du bonheur ; une nation catholique par ses traditions séculaires comme par ses mœurs et ses lois ; une nation qui réalise enfin, dans la mesure où l'humaine faiblesse le permet sur cette terre, les paroles du *Pater : Adveniat regnum tuum, fiat voluntas tua sicut in cœlo et in terra ;* pourquoi cette nation ne ferait-elle pas pour la défense de *son riche fonds commun* ce que la France fait aujourd'hui pour le petit nombre de vérités sur lesquelles les Français sont restés d'accord ? Pourquoi ne punirait-elle pas l'individu qui, en attaquant le divinité de Jésus-Christ, révolte la conscience publique et s'efforce de ruiner un dogme dont l'affaiblissement serait une immense calamité publique ? Pourquoi n'interdirait-elle pas à des sectaires, nés d'hier et qui ne produisent aucun titre de leur prétendue mission, la faculté de séduire les ignorants, de provoquer des discordes, d'outrager l'Eglise et d'allumer un incendie où périraient peut-être toutes les institutions séculaires de la patrie et l'unité nationale elle-même ? Pourquoi cette nation ne réprimerait-elle pas la violation publique du repos dominical, laquelle, comme toutes les autres grandes lois de la religion établie par le divin Législateur, est si éminemment conforme à l'intérêt social ?... Etant supposée une nation qui se trouverait dans des conditions si propices, je vous avoue que, si j'en étais membre, j'appliquerais sans répugnance (bien au contraire) la théorie romaine qui réprouve la théorie générale et systématique de la liberté de conscience. »

Les faits, cependant, en France, sont trop loin de cet idéal pour qu'on puisse voir en lui autre chose qu'une hypothèse inapplicable à l'état présent de notre pays ; et le Souverain Pontife, après avoir condamné les propositions de ceux qui la considéreraient comme illégitime, se garde bien de l'imposer par-

tout comme réalisable. « Pie IX, le successeur
du pape qui signa avec joie le concordat proposé par le premier consul ; Pie IX, successeur d'un autre pape qui fit savoir aux évêques
de Belgique que ceux-ci pouvaient en sûreté
de conscience prêter serment de fidélité à la
très libérale constitution de ce pays, Pie IX
n'entend nullement réprouver la transaction
opérée, ici ou là, entre les principes qu'il pro-
clame comme devant être la règle d'une société
catholique, et les événements qui ont rendu
plus ou moins dangereuse ou impossible l'ap-
plication de ce type idéal. Nous, Français,
nous pouvons être très bons catholiques, et
même, à mon sens, nous ne pouvons être bons
catholiques qu'en respectant sincèrement et
consciencieusement les droits dont jouissent
nos compatriotes des autres cultes reconnus. »

M. Lamache, qui prêtait à tous la droiture
de ses intentions, supposait que le gouvernement impérial ne s'était opposé à la publication de l'Encyclique, que dans la crainte qu'elle
fût mal comprise des fidèles et considérée par
eux comme un anathème jeté sur nos insti-

tutions. « Il eût mieux valu assurément, dit-il, que, respectant la liberté de conscience dont il se déclare le patron, il se bornât à inviter les évêques à joindre à l'Encyclique les explications nécessaires pour prévenir une interprétation erronée et dangereuse. » C'est ce que beaucoup d'entre eux firent sans invitation. L'un des plus empressés à remplir ce devoir fut l'évêque de Strasbourg. Quelle ne fut pas la surprise du correspondant de M. Lamache en lisant, quelques jours après avoir reçu la lettre dont on vient de voir des extraits, un mandement de ce prélat, dans lequel les mêmes idées se trouvaient exprimées en termes presque identiques! Voici ce qui s'était passé. En Alsace, la situation était fort délicate. La coexistence des deux cultes, l'importance numérique et intellectuelle des protestants, qui avaient à Strasbourg un de leurs principaux foyers d'études, rendaient nécessaires des explications claires, précises, ôtant tout prétexte à suspecter le dévouement des catholiques aux institutions modernes : le voisinage de l'Allemagne faisait de cette nécessité un

devoir patriotique. Le vénérable évêque de
Strasbourg, Mgr Raess, dont l'éducation s'était
achevée dans les universités allemandes, peu
versé dans la connaissance de nos lois, peu
familier même avec la langue française, comprenait ce qu'il y avait à faire, et s'y sentait
inhabile. Il demanda l'aide de M. Lamache,
avec lequel il entretenait depuis longtemps
d'affectueuses relations. Le professeur ne put
refuser à son évêque le service désiré; et voilà
comment, tout plein de son sujet, il avait
résumé d'avance, dans une lettre intime, les
idées et les raisonnements qui parurent, plus
développés, dans le document épiscopal! M. Lamache fut obligé d'avouer à son jeune correspondant ce que celui-ci avait deviné, en lui
recommandant un secret dont il se croit délié
aujourd'hui. « Traiter la question franchement,
au point de vue pratique et légal, et sans dissimuler *le sentiment français* qui peut très bien
s'unir à l'orthodoxie catholique, c'était peut-
être — écrit-il — dans ce pays-ci ce qu'il y
avait de mieux à faire. L'effet produit ici a été
bon, c'est-à-dire le moins mauvais possible.

L'excellent et savant homme (Mgr Raess) en a été tout heureux. Il m'a montré une lettre de M. de Montalembert à un ecclésiastique de ce diocèse, lettre qui n'était nullement destinée à venir entre les mains qui me l'ont communiquée. M. de Montalembert disait que la pièce en question « était ce qui avait été écrit de plus sensé et de plus lucide sur l'Encyclique ; que la lecture de cette pièce lui avait fait grand plaisir, et avait été pour lui une sorte de soulagement. » Lorsque M. de Montalembert écrivait ceci, les magnifiques écrits qui ont paru depuis n'étaient pas encore publiés (1). »

Quelques années plus tard, une autre question, celle de l'infaillibilité du pape, devait agiter les consciences catholiques. Ceux qui ont vécu à cette époque savent combien, en sens divers, elle passionna les esprits. Bien que la question n'existe plus, puisqu'elle a été souverainement résolue par une définition conciliaire, à laquelle adhèrent d'esprit et de cœur tous les enfants de l'Eglise, il sera fort intéressant d'entendre sur ce point M. Lamache, et de

1. Lettre du 19 février 1865.

voir avec quelle pensée libre et quelle foi sou-
mise sa noble intelligence se posait le problème
dont tant d'autres étaient troublés. C'est à une
de ces lettres intimes, où son âme se montrait
sans voiles, que j'emprunte (en l'abrégeant à
regret) une page qui lui fera honneur :

« Tu me demandes, cher ami, quels sont mes
sentiments personnels en ces matières. Tout
d'abord, il ne faut pas prêter à l'opinion ultra-
montaine des exagérations répudiées par les
plus savants et les plus nombreux des théologiens qui la professent. Non seulement ils
reconnaissent que le privilège de l'infaillibilité
concerne exclusivement les déclarations doc-
trinales sur la foi et les mœurs; mais encore ils
restreignent ce privilège aux déclarations *ex
cathedra*. Ces mots, qui ne se sont introduits
dans le vocabulaire ecclésiastique que dans le
cours du xiv⁰ siècle, si j'en crois un savant
professeur de dogme, désignent les décisions
rendues par le pape en sa qualité de pape, qui
s'adressent aux catholiques du monde entier,
et avec la volonté non douteuse de s'imposer
comme règle de foi...

« Même réduite à ce *minimum*, la doctrine de l'infaillibilité du pape me paraît soulever de sérieuses difficultés; et naturellement ces difficultés historiques et de texte font d'autant plus d'impression sur mon esprit que l'opinion contraire est celle dans laquelle j'ai été élevé, dans laquelle j'ai vécu. D'une autre part, la doctrine de l'infaillibilité du pape a pour elle quelques textes évangéliques bien forts, et les plus nombreuses comme les plus illustres autorités théologiques. Aussi, je t'avoue que, malgré mes préférences d'instinct et d'habitude pour la doctrine gallicane, j'en suis venu, sur ce point, au doute, à l'incertitude, après avoir dépensé à l'étude de cette question un temps et une peine que j'aurais beaucoup mieux fait d'employer à avancer mon traité de droit administratif...

« La veille du départ de Mgr l'évêque de Strasbourg pour Rome, j'allai le voir, et je lui dis combien je regrettais qu'un de ses collègues dans l'épiscopat ait traité de « mauvais catholiques » ceux qui n'admettaient pas l'infaillibilité du Pape. Mgr Raess me répondit

textuellement: « Cette doctrine de l'infailli-
« bilité m'a toujours paru la plus probable, la
« plus conforme à l'ensemble des faits, des
« textes et de la tradition ; mais on peut être
« bon catholique sans l'admettre, pourvu, bien
« entendu, que l'on soit prêt à s'incliner sincè-
« rement devant la décision du concile, s'il croit
« devoir trancher la question. » Bien que
Mgr Raess ait semblé, depuis, parler différemment, je m'en tiens à la déclaration individuelle et positive qu'il m'a faite, et qui me
paraît très rationnelle.

« N'ayant point qualité pour écrire sur ces
matières, je ne me permettrais point d'attaquer publiquement une opinion qui est, de
notoriété publique, celle de la grande majorité de l'épiscopat ; mais je réserve mon droit
de n'y pas croire, puisque actuellement elle
n'est pas certaine pour moi. Quant à poser en
principe qu'il est impossible que l'infaillibilité
papale soit déclarée par le concile, c'est un langage qui ne peut s'expliquer que par une infa-
tuation orgueilleuse et passionnée des opinions
personnelles. Ceux qui tiennent ce langage

ont, en leurs lumières propres, une confiance absolue que l'on conserve rarement lorsqu'on est vraiment instruit et qu'on prend la peine d'étudier les questions sous toutes leurs faces. Pour ma part, je ne serais pas excessivement surpris, si la minorité des évêques tient ferme dans son sentiment, qu'au dernier moment cette question fût écartée ; *mais, si le concile la décide dans le sens qui me plaît le moins, il va de soi que je me soumettrai à sa décision de tout mon cœur et sans l'ombre d'une arrière-pensée, puisque j'ai le bonheur d'être catholique. Je me réjouirai même d'avoir à faire au bon Dieu un tout petit sacrifice de mes préférences personnelles et antérieures dans une question qu'il daignera trancher par un organe infaillible* (1). »

Tel était son ferme et honnête langage. Il m'a semblé utile de le montrer, parce que beaucoup de bons catholiques — surtout de la génération à laquelle appartenait M. Lamache — pensaient alors comme lui, et se sont soumis avec la même simplicité que lui. Non moins sincère (on le sait par ses paroles mêmes) eût

1. Lettre du 11 avril 1870.

été la soumission de M. de Montalembert, si ce
vaillant serviteur de l'Église n'avait été préma-
turément enlevé au moment même où ces
questions étaient le plus ardemment débattues.
Sa mort fut douloureusement sentie par M. Lamache, pour qui le souvenir de M. de Montalembert se rattachait aux meilleurs de sa jeunesse. Cédant à un mouvement spontané, il
rédigea sur-le-champ, pour être envoyée à
Mme de Montalembert, une adresse que signè-
rent avec lui trente et un des catholiques les
plus notables de Strasbourg, dont neuf professeurs de Faculté, six magistrats, un ingénieur
des mines, etc.:

« Madame,

« Daignez agréer nos respectueuses et sym-
pathiques condoléances.

« Quoique nous n'ayons point l'honneur
d'être connus de vous, notre double titre de
Français et de catholiques nous associe à votre
deuil. Admirant, chez M. Charles de Montalembert, l'écrivain, l'orateur, le caractère non
moins grand que le talent, nous apprécions

toute l'étendue de la perte que viennent de faire la patrie et la religion. Le nom que vous portez, madame, ne fera que grandir, avec le temps, dans l'estime de la France ; et des récompenses meilleures que la gloire humaine la plus pure seront accordées par Dieu, nous en avons la ferme confiance, au vaillant défenseur de l'indépendance de son Eglise et des droits légitimes des peuples. »

A la lettre collective, M. Lamache avait joint une lettre personnelle d'envoi :

« Madame la comtesse,

« En apprenant avant-hier la perte que viennent de faire la famille de M. de Montalembert, ses amis, la France, l'Église, je n'avais pensé d'abord qu'à prier le bon Dieu pour le repos de l'âme du cher défunt : devoir auquel je serai fidèle jusqu'à la fin de mes jours, en reconnaissance des bontés dont il m'a personnellement honoré. Mais voilà que plusieurs catholiques de Strasbourg, avec qui je m'entretenais de regrets qu'ils partagent, et qui sont tous en état, par leur intelligence comme

par leur foi, d'apprécier les mérites de M. de
Montalembert, m'ont exprimé le désir de lui
payer un dernier tribut de sympathique admiration. Je prends la liberté, madame, de vous
transmettre la lettre collective écrite dans ce
but. De la part des signataires, elle a été comme
un élan spontané du cœur. Puisse-t-elle être,
pour la digne fille des Mérode, pour la digne
compagne du comte Charles de Montalembert,
une petite consolation dans sa douleur! »

La noble veuve du grand écrivain fut tou-
chée de cette démarche délicate; voici en
quels termes son gendre, M. de Meaux, répondit à M. Lamache :

« Monsieur, du fond de sa douleur ma belle-
mère, Mme de Montalembert, a reçu avec
une sincère reconnaissance l'adresse que vous
avez bien voulu lui envoyer. Cette reconnaissance était partagée par tous les siens. J'ose
espérer, monsieur, que vous me permettrez
d'en être l'interprète auprès de vous et auprès
des hommes respectables qui se sont associés
à votre démarche. Il appartenait à leur science,
à leur patriotisme et à leur foi d'honorer les

services que M. de Montalembert a rendus à
l'Église, à la liberté et à l'histoire. C'est de
l'Allemagne que jadis, aux premiers jours de
sa jeunesse, il rapporta à la France son premier livre (1), et c'est de la ville de France la
plus rapprochée de l'Allemagne et la plus
digne à tous égards de mettre en communica-
tion les deux pays, que nous vient aujourd'hui
l'un des premiers hommages rendus à sa
mémoire. Veuillez croire que cet hommage
nous sera à jamais précieux.

« Quant à vous, monsieur, compagnon de
M. de Montalembert dans ses vieilles luttes,
laissez-moi vous serrer la main comme à un
ami dont le souvenir et les prières ne lui feront
pas défaut devant Dieu. »

Communiquant cette correspondance à l'un
de ses amis, M. Lamache ajoutait :

« Si je ne me trompe, tu viens de lire ces
lettres avec quelque intérêt. L'ingratitude collective ne me plaît pas mieux que l'ingratitude individuelle ; c'est pourquoi j'ai été heureux que trente et un catholiques, accoutumés

____

1. L'Histoire de sainte Élisabeth de Hongrie.

à remplir tous leurs devoirs, s'acquittassent de celui de la reconnaissance envers M. de Montalembert. Tu as pu remarquer que notre lettre collective, comme ma lettre d'envoi, avaient évité à dessein toute allusion à des questions irritantes. Je prie chaque jour pour le Pape et pour le Concile ; et, à chaque réunion de la conférence de Saint-Vincent de Paul que je préside, nous disons à la même intention un *Pater* et un *Ave*. »

VIII

STRASBOURG. — LA GUERRE

Pour un cœur comme celui de M. Lamache,
où l'amitié tenait tant de place, il n'était pas de
joie plus grande que de voir se rapprocher de
lui quelqu'un de ses anciens amis. Aussi avait-
il compté parmi les meilleurs événements de sa
vie la nomination (1) de son vieux camarade
du collège de Rouen, M. Chéruel, aux fonctions de recteur de l'Académie de Strasbourg.
Arrivés aux extrêmes limites de l'âge mûr,
tous deux se retrouvaient, après une longue
séparation, aussi unis par le cœur et par l'intelligence qu'aux jours lointains où ils s'as-
seyaient sur les bancs de la même classe et
faisaient ensemble leur première communion.
Je ne dois pas taire un détail de l'ordre le plus
intime, qui fait également honneur à l'un et à

1. En 1866.

l'autre. « Dès notre premier tête-à-tête, écrit M. Lamache, Chéruel me consulta sur le choix d'un confesseur, et plusieurs fois il fit passer de généreuses aumônes par mes mains, en me demandant de le recommander, sans le nommer, aux prières des pauvres qui les recevaient (1). » Un de leurs amis communs, habitant alors Strasbourg, nous dit qu'il existait entre eux une véritable tendresse, avec une sorte de taquinerie amicale, qui faisaient un aimable et touchant spectacle. Tous les vendredis, le salon de Mme Chéruel les réunissait, avec quelques intimes, autour de la table de thé : on causait, on faisait des lectures choisies (2). Hélas ! ces beaux jours devaient passer vite ! Un soir de juillet 1870, on était assemblé, comme de coutume, dans cette

1. Lettre du 6 mai 1891.

2. Un détail familier ne sera peut-être pas lu sans intérêt. « Tout le luxe de ces petites soirées — écrit M. Lamache à un ami — est une tasse de thé servie par mes filles. Quant aux brioches, elles passent, pendant le saint temps de carême, sous le nez des majeurs et majeures, qui sont maintenant, hélas, en majorité. L... et M... font la mauvaise plaisanterie de nous les présenter, puis en mangent chacune deux, l'une pour leur compte, l'autre pour le compte des vénérables. » (Lettre du 27 mars 1870).

demeure hospitalière. Mais les paroles étaient rares, les lectures avaient cessé : chacun prêtait l'oreille à des bruits lointains. Par intervalles, des explosions se faisaient entendre. C'étaient des ponts qui sautaient. L'Alsace était envahie (1).

La guerre, l'invasion, consternèrent le patriotisme de M. Lamache plus qu'ils ne surprirent sa clairvoyance. Deux ou trois ans avant qu'elles n'éclatassent, il écrivait (2) : « Je suis persuadé, et je vois cette conviction partagée par presque

1. Après la guerre, M. Chéruel fut nommé recteur à Poitiers ; puis, en 1874, il prit sa retraite et se fixa à Paris. Ses dernières lettres à M. Lamache sont pleines des sentiments de la plus touchante piété. Il lui écrivait, le 19 juin 1891 : « J'essaie de me préparer de mon mieux à comparaître devant le Juge suprême qui sait et voit tout. Mais j'ai bien besoin d'être aidé par les prières d'âmes meilleures que la mienne. » Quelques jours après, lui écrivant de nouveau pour lui annoncer la mort de Mme Chéruel, il répétait : « Maintenant, ma grande affaire doit être d'implorer la miséricorde divine et de me préparer à la mort. Je vous demande le secours de vos prières, à toi, à Mme Lamache, à vos pieuses filles. » Ces détails intimes compléteront utilement, croyons-nous, les deux excellentes notices consacrées à M. Chéruel par M. Bouquet (extrait du *Bulletin de la Société de l'Histoire de Normandie*, 1891) et par M. Pierre Le Verdier (*Précis des travaux de l'Académie des Sciences, Lettres et Arts de Rouen*, 1891-1892).

2. Cette lettre, non datée, est de 1867 ou de 1868.

10.

tout le monde, que la guerre avec la Prusse n'est qu'ajournée, et peut-être pour peu de temps. Ici les préparatifs militaires se poursuivent avec la plus grande activité.... *Le patriotisme est d'autant plus vif en Alsace, qu'on y lit les journaux prussiens, dont l'insolence est quelque chose de vraiment incroyable.* Il y a de quoi monter les têtes les plus froides. Le mois dernier, j'adressais une allocution à une société catholique de compagnons ouvriers, *Gesellenverein*. Je vais leur faire de temps en temps de petites instructions. Je trouvai moyen d'amener naturellement cette phrase, que je dis avec l'accent et le geste convenables : « Si jamais une « armée étrangère envahissait le sol de la « France, vous autres, ouvriers alsaciens, qui « seriez au poste d'avant-garde, vous sauriez « prouver une fois de plus que si vous êtes « Allemands par la langue et par l'estomac, « vous êtes d'excellents Français par le cœur « et par le fusil... » Ces mots allaient si bien aux sentiments de mon auditoire, que des bravos enthousiastes m'interrompirent pendant plusieurs minutes. Un grand vicaire, le supé-

rieur du Grand-Séminaire et sept à huit autres
ecclésiastiques qui étaient là, ne furent pas
moins démonstratifs que les ouvriers. Si la
guerre éclate et si l'Alsace est menacée
d'invasion, ce qui m'inquiétera, ce sera la mise
en sûreté de ma femme et de mes filles : personnellement je suis très disposé, lors même
qu'on licencierait l'Ecole de Droit, à rester ici
avec mes garçons pour faire le service auxiliaire qu'on demandera sans doute à tous les
hommes en état de manier un fusil. La France
récolte, hélas! les fruits d'une politique déplo-
rable, qui a sacrifié nos intérêts à ceux de
l'Italie. »

M. Lamache a recueilli dans un court opuscule et dans des lettres intimes ses souvenirs
du siège de Strasbourg. Ces pages d'un patriote,
d'un chrétien, d'un père de famille sont trop
émouvantes pour que je n'y fasse pas de nombreux emprunts. Tout ce qui touche à l'épreuve
suprême de l'héroïque cité, pour un temps
séparée de la France, appartient à l'histoire ; et
qu'elle est vivante, l'histoire racontée ainsi !

« Après la bataille de Frœschwiller, lorsque

des cavaliers prussiens vinrent caracoler inso-
lemment sous nos remparts, et sommer la ville
de se rendre, ce fut d'abord une véritable pani-
que... Mais comme la population s'est vite et
admirablement relevée (1) ! » Chacun voulut
résister jusqu'au bout, même sous les bombes
qui pleuvaient, incendiant les maisons, tuant
les femmes et les enfants. « Vous savez la réponse qui avait été faite à l'évêque de Strasbourg, Mgr Raess, suppliant qu'on laissât sortir les femmes et les enfants : « Non, les
« femmes et les enfants sont un de nos moyens
« de prendre les villes. » Sans doute on avait
compté que la vue de ces êtres inoffensifs,
tués ou horriblement mutilés par les projectiles, déterminerait une émeute de la peur
parmi la population civile. Tout le contraire
arriva... Une fois le premier trouble passé.
lorsqu'un obus, inaugurant le système de ter-
reur par un coup d'éclat, eut fait un horrible
carnage dans un ouvroir de jeunes filles, tout
autre sentiment fit place à l'indignation, à la
colère, au désir de rendre coup pour coup.

1. Lettre du 28 septembre 1870.

C'était pourtant un lamentable spectacle. J'ai vu successivement apporter à l'ambulance du Petit-Séminaire (sans parler des blessés militaires) une femme qui, en ouvrant sa boutique, venait d'avoir les cuisses coupées par un obus ; un ouvrier éventré sur le pont Saint-Guillaume ; un enfant de sept ans dont le pied droit venait d'être broyé et ne tenait plus à la jambe que par un lambeau difforme et sanglant ; un vieillard qui avait la moitié de la face emportée. Le soir de ce même jour, vers onze heures, on sonne à la porte du Petit-Séminaire. Au dehors, une pluie torrentielle se mêlait à la pluie de projectiles. La maison hospitalière s'ouvre avec empressement. Alors apparaît une pauvre mère affolée de douleur et plus semblable à un spectre qu'à un être vivant : elle portait son tout petit enfant atteint et tué dans ses bras. « Cela crève le cœur, me disait « un pontonnier blessé, de voir des choses « pareilles. Nous autres, soldats, notre affaire « est de tuer ou d'être tué ; mais des femmes, « des enfants...! » Eh bien, mon cher ami, malgré ces dangers incessants, malgré les incen-

dies et les ruines, je vous affirme que le patriotisme parlait plus haut que l'intérêt ou la peur
chez la plupart des personnes dont j'ai pu constater les sentiments dans ces jours d'épreuves.

« Même chez des femmes, quelle énergie,
quel courage ! Un matin, j'apprends que la maison d'une dame de nos amies vient d'être rava-
gée par une bombe. J'y cours, fort inquiet. Les
pièces où cette dame et ses enfants venaient de
passer la nuit étaient encore tout obscurcies par
la fumée de l'explosion et la poussière des
débris. On voyait, mis en pièces par un choc
direct, le lit sur lequel une de ses filles reposait
quelques minutes auparavant. On voyait trois
chambres dévastées, murs et plafonds troués,
fragments du projectile incrustés dans les lam-
bris, dans les meubles, dans les vêtements.
C'était miracle que pas une des six personnes
saluées à leur réveil par cet ouragan de fer
n'eût été atteinte. Lorsque j'entrai, le premier
mot de cette dame fut un remerciement à Dieu,
et le second fut un vœu de résistance opi-
niâtre (1). »

1. *Quelques souvenirs du siège de Strasbourg.* Lettres publiées

Le découragement ne se glissa dans les âmes qu'à la nouvelle de la capitulation de Sedan. « Je me souviens qu'entendant pour la première fois le récit de ce fait, je l'accueillis par un haussement d'épaules, et je dis à un groupe de soldats blessés qui écoutait le narrateur : « Mes amis, ne croyez pas un mot de cela. « Monsieur se fait, sans mauvaise intention, « l'écho d'une fable imaginée par les Prussiens « pour nous démoraliser. Heureusement elle se « dément elle-même par sa grossière invraisem- « blance, par sa manifeste impossibilité. Une « armée de cent mille soldats français rendre « ses armes à l'ennemi!... Allons donc! Nous « ne sommes pas assez stupides pour avaler « une couleuvre de cette taille. » Hélas! il fallut pourtant se rendre à l'évidence, et reconnaître que cet excès inouï de malheur et de honte n'était que trop réel. Je fus atterré, je l'avoue, et beaucoup d'autres l'étaient égale- ment. Plus d'espérance de secours. Quand toute une armée venait de capituler, ne serait-

par M. Lamache dans le *Nouvel Indépendant.* Saint-Dizier, 1871, p. 8 et 9.

ce pas une folie de prolonger l'inutile résistance d'une ville qui avait déjà tant souffert, e[t]
de lever un nouveau tribut de sang sur la popu[u-]
lation civile, sur la garnison décimée, sur le[s]
jeunes gens de la mobile? Un de ceux-ci, confi[-]
dent de mes tristes réflexions, me répondit
« C'est vrai, nous ne nous battons plus que pou[r]
« l'honneur militaire de la France, mais il vau[t]
« bien la peine qu'on se fasse casser la tête (1). [»]

Parmi les vaillants qui se firent ainsi « casse[r]
la tête » fut le commandant Ducrot, frère d[u]
général. « J'étais lié avec lui, — écrit M. Lamach[e]
qui ne se doutait pas alors qu'un lien plus che[r]
encore unirait un jour leurs deux familles, —
et je savais tout ce qu'il y avait de qualités et d[e]
vertus privées chez ce brave et savant officie[r]
Dès l'ouverture de la campagne, il m'avait mani[-]
festé des craintes fondées non seulement su[r]
la comparaison des forces militaires des deu[x]
pays, mais encore sur l'état moral de la Franc[e]
Bien que relevant à peine d'une longue maladi[e]
bien qu'affaissé, en outre, sous le poids de l[a]
douleur que lui causait la mort récente d'un[e]

1. *Quelques souvenirs du siège de Strasbourg*, p. 10.

enfant bien aimée, il déploya durant le siège
une énergie incroyable. Je peux bien redire
ici ce qui a été dit par son colonel sur sa tombe:
cette énergie surhumaine, il la puisait dans le
sentiment du devoir, que doublaient chez lui de
fortes convictions religieuses. Pâle, épuisé,
mais toujours debout, jour et nuit il veillait à
la défense ; il multipliait ses inspections, ses
travaux, ses fatigues, pour suppléer au nombre
et faire face aux difficultés de la situation. Le
dimanche qui précéda sa mort, on le vit en
grand uniforme entendre la messe et communier dans l'église de la citadelle, que le bombar-
dement n'avait pas encore détruite. Après
l'office, rejoignant dans la sacristie l'excellent
abbé Wolf, il lui dit : « Monsieur le curé, le
« danger devient plus grand chaque jour, sur-
« tout pour moi. Il est probable que j'y res-
« terai. Si telle est la volonté divine, je vous
« prie de faire savoir à ma femme que je suis
« mort en soldat et en chrétien. » Paroles admirables dans leur simplicité. Je fus chargé de les
transmettre à la digne compagne du commandant après que les pressentiments de celui-ci

11

se furent réalisés. En faisant exécuter un out
vrage défensif près de la Porte de France, il fu-
écrasé par une bombe. A la nouvelle de ce malheur, des larmes coulèrent sur plus d'un mâle
visage dans la citadelle (1)... »

Le commandant Ducrot n'était pas le seul,
parmi les officiers supérieurs, à demander des
forces à la religion. « Le commandant de la
troupe la plus héroïque de la garnison, l'infanterie de marine, le vaillant et populaire capitaine de vaisseau Dupetit-Thouars, adoré de
ses hommes, est venu plusieurs fois, lui aussi,
pendant le siège, communier à la chapelle du
Petit-Séminaire (2). » M. Lamache habitait alors
cet établissement ecclésiastique. Après avoir
vu un obus briser une vitre de la chambre de
ses filles et aller, dans un ouvroir voisin, tuer
cinq jeunes ouvrières et en mutiler affreuse-
ment trois autres, il avait accepté l'invitation
qui lui était faite, et avait rejoint avec les
siens plusieurs autres familles auxquelles
les sous-sols du Petit-Séminaire donnaient

1. *Quelques souvenirs du siège de Strasbourg*, p. 3.
2. Lettre du 28 septembre 1870.

asile, en même temps que l'ambulance voisine offrait un emploi à leur zèle. Là même, au centre de la ville, on n'était pas à l'abri du danger. « Malgré le drapeau de l'ambulance qui avait été dressé sur la chapelle, l'asile n'était rien moins que sûr. Deux jeunes filles étant allées se chauffer dans la cuisine de l'établissement, furent blessées par les pierres du mur qu'un obus mit en éclats. Une boîte à balles entra par une fenêtre du premier étage dans une salle de blessés, frappa contre le mur, rejaillit contre le parquet, le troua et fit explosion dans une autre salle de blessés qui était au rez-de-chaussée. Cet engin de mort contenait deux cent soixante-sept balles qui furent ramassées et comptées ; et, chose merveilleuse, personne n'avait été atteint. Les voitures et les greniers étaient criblés d'obus. A plus forte raison le danger était sérieux dans les cours de la maison. Cependant on y voyait à chaque instant le supérieur de l'établissement, M. l'abbé Mury, et ses dignes collaborateurs, qui allaient recevoir les blessés. La nuit, ils se relayaient pour leur ministère de charité et de surveillance. L'un d'eux ayant appris qu'un soldat, dangereusement blessé près de la Porte de Saverne, demandait un confesseur, traversa toute la ville pour aller lui porter les secours de la religion. Touché de la bonté de ces messieurs et des sœurs de charité, un turco blessé disait à l'une d'elles : « Ton bon Dieu bien « plus bon qu'Allah à moi (1) ! »

A cette heure terrible, où l'on ne se visitait qu'au péril de la vie, et où l'on ne pouvait traverser une rue sans affronter les obus (2), M. Lamache courut plus d'une fois volontai-

1. *Quelques souvenirs du siège de Strasbourg*, p. 11.

2. « Il sera de bon goût, puisque nous ne sommes plus sous l'empire, — écrit M. Lamache, — de rendre hommage à la courageuse charité dont fit preuve Mme la baronne Pron, femme du préfet en fonctions durant la première moitié du siège. Visiter les malades était un devoir pour son mari, et il n'était pas homme à y manquer. Mais elle, mère de famille, courait assez de dangers, ce semble, dans l'hôtel de la préfecture, déjà fort inquiété par les obus et les bombes qui devaient plus tard le réduire en cendres. Personne ne l'eût blâmée de ne pas affronter en pleine rue un péril dont elle avait beaucoup de peine à se défendre dans la maison. Elle fit plus que son devoir. Elle alla porter aux ambulances des secours et des encouragements, faisant ces dangereuses tournées aussi tranquillement, aussi modestement que l'eût fait une sœur de charité. » *Ibid.*, p. 9.

rement ce péril, soit pour faire aux pauvres ses visites accoutumées, soit pour obéir au mouvement de son cœur en allant serrer la main d'un ami, soit pour porter secours dans une maison dévastée par les bombes, ou pour consoler des parents en deuil en suivant le convoi d'une victime de la guerre. Il était prêt à faire plus encore, car, malgré ses soixante ans, il avait voulu être inscrit pour prendre part à la défense, si l'assaut était donné. On me permettra d'emprunter à une lettre tout à fait intime, écrite au lendemain du siège pour rassurer l'un de ses plus chers amis, des détails où l'émotion du patriote se mêle à la fierté naturelle du père, heureux d'avoir vu les siens accomplir sous ses yeux leur devoir :

« La population a supporté tout avec un courage résigné et stoïque. La garnison et la mobile se sont parfaitement conduites. Les pertes de la mobile ont été considérables. Rien que parmi les quelques jeunes gens d'élite, amis de mes fils, et que nous nous plaisions à réunir dans notre salon, un a été blessé par un éclat d'obus dans un ouvrage avancé qui était gardé par une compagnie de mobiles où il avait le grade de sous-lieutenant; un autre, sous-lieutenant dans l'artillerie de la mobile, charmant jeune homme, fils unique, a été tué raide au moment où il faisait blinder avec des sacs de terre une ouverture que l'artillerie ennemie avait faite dans le bastion de sa batterie. Quand j'assistais à son enterrement dans le jardin botanique converti en cimetière, des éclats d'obus vinrent tomber tout près de nous et faillirent faire de nouvelles victimes.

« Mes deux fils, Paul et Henri, ont servi l'un et l'autre volontairement. Au début de la guerre, Paul ayant été inscrit sur les registres de l'artillerie de la mobile, je le fis attacher en qualité de commis auxiliaire aux bureaux de l'intendant, afin de lui épargner des fatigues que sa mère le croyait hors d'état de supporter. « Je « le veux bien, papa, mais à la condition que « s'il y a des dangers, je les partagerai. — Cela « va sans dire, mon fils. » Et, en effet, dès que le canon commença à parler, Paul demanda et obtint la permission de rejoindre sa batterie... Paul a servi le canon *le Desaix* sur un ouvrage

avancé de la citadelle. Au milieu du siège, son
capitaine l'ayant proposé pour le grade de four-
rier « comme le meilleur soldat de la compagnie », Paul répondit au chef d'escadron :
« Merci, mon commandant; mais j'aime mieux
« rester attaché jusqu'à la fin au service actif de
« mon cher canon. » Je tiens le fait du commandant. Son maréchal des logis me dit un jour :
« C'est le plus brave et le plus gai de la bat-
« terie. Vous feriez même bien de lui con-
« seiller de ne pas s'exposer autant qu'il le
« fait. » J'en fis l'observation à Paul : « Papa,
« me répondit-il, quand on fait ses prières du
« matin et du soir ostensiblement, ce n'est
« pas assez d'être brave; on peut, on doit se
« permettre un brin de folie de bravoure. Si
« c'était par gloriole, ce serait absurde; mais
« vous savez bien que c'est mieux que cela. »
Ce que les autres appelaient sa crânerie, Dieu
l'appelait filial abandon entre ses mains et
désir d'honorer son saint nom.

« Henri, qui est chasseur et tire très bien,
me demanda la permission de s'engager dans
une compagnie d'élite de francs-tireurs (com-

posée pour la plus grande partie de jeunes gens des écoles, et commandée par un professeur de la Faculté des Sciences, M. Liès-Bodard)(1), qui était employée à des sorties et à la défense des postes les plus périlleux : « Mon « enfant, tu préviens mon désir, mais je ne veux « pas que tu le fasses sans le consentement de ta « mère. » Après avoir prié Dieu, la mère offrit ce second fils pour la défense de la ville et l'honneur militaire du pays. La première fois qu'Henri alla au feu, c'était dans la terrible lunette 44. Lui et deux de ses camarades ajustèrent simultanément, à grande distance, un

1. Voici en quels termes M. Lamache a parlé publiquement de cet homme de cœur : « Malgré les soixante ans que lui attribue son acte de naissance, mais qu'assurément sa vigueur physique ne laisserait pas deviner, M. Liès-Bodard a commandé, durant le siège, cette compagnie de francs-tireurs, qui avait le privilège d'être armée de chassepots et qui a fait un excellent usage de ses armes. Son dévouement à la science et le cours de chimie, si intéressant et si utile, qu'il avait fait pour les ouvriers, lui avaient valu précédemment la décoration de la Légion d'honneur. Son courage a été récompensé par la rosette d'officier. Homme de bien dans tous les sens du mot, et joignant la bonté à l'énergie, il est un de ces collègues qui restent présents dans la mémoire et dans le cœur, après que l'on a été dispersé par l'orage. » (*Quelques souvenirs du siège de Strasbourg*, p. 7.)

major prussien qui tomba pour ne plus se relever. Mais, bientôt après, six hommes furent
blessés par un obus et renversés sur Henri.
Le soir, en dînant avec nous, il nous disait
gaiement : « Tout de même, je suis bien aise
« de me retrouver ici, car tantôt je croyais bien
« que vous ne m'auriez que par morceaux. »

«En apprenant la capitulation, mes fils san-
glotaient de douleur et de rage... Ils ont parfaitement supporté les fatigues du siège, les
nuits sur l'herbe humide, les veilles auprès
du canon ou à l'affût de l'ennemi. Ils les regret-
tent maintenant dans leurs obscures casemates et dans les mornes ennuis de la captivité, où leur exercice consiste à charrier des
pierres, attelés comme des bêtes, pour amé-
liorer les fortifications de Rastadt... (1) » L'un
d'eux a laissé l'émouvant récit de leurs souffrances, dans un petit écrit, *Souvenirs de case-*
mates (2), que l'on ne peut lire sans avoir le
cœur serré. Rarement l'arrogance du vain-

1. Lettre du 28 septembre 1870.

2. *Souvenirs de casemates*, par un franc-tireur de Strasbourg
(Henri Lamache). Paris, Giraud, 1871.

queur, la brutalité germanique, ont été peintes
d'un trait plus vif. Les parents essayèrent de
pénétrer jusqu'aux prisonniers : avec quelles
difficultés ! au prix de quels affronts et de quels
refus ! « Après des démarches faites par mes
parents auprès de personnes influentes en
Allemagne, M. de Bismarck-Bohlen avait fait
venir mon père pour lui parler de ses demandes,
ou plutôt pour les lui refuser toutes successivement, si bien que mon père en se retirant
n'avait pu s'empêcher de lui dire : « Il y a une
« chose, monsieur le comte, qui, pour nous
« autres Français, sera toujours incompréhen-
« sible, c'est la dureté avec laquelle on refuse à
« une mère de voir un instant ses enfants,
« quand leur seul crime est d'avoir courageuse-
« ment fait leur devoir (1). » L'évasion de quelques francs-tireurs, amis des deux frères, avait
exaspéré contre ceux-ci l'autorité prussienne.
Il faut lire le récit de l'interrogatoire que des
officiers leur firent subir dans une des salles
du château de Rastadt : on comprendra que
M. Lamache ait été fier de fils qui mettaient si

____

1. *Souvenirs de casemates*, **page 22.**

bien en pratique les leçons d'honneur, de sincérité, de fierté chrétienne et française qu'il leur avait données.

« On veut faire prêter à mon frère le serment de dire toute la vérité, ne faisant pas de doute qu'il ne s'abaisse immédiatement au rôle odieux de délateur. Paul, bien entendu, refuse de prêter ce serment, et déclare, moitié en allemand, moitié en latin, qu'il ne dira que la vérité, *nunquam mentiri*; mais qu'il ne parlera pas si on lui pose des questions auxquelles l'honneur et la conscience lui défendent de répondre. Il s'agissait non seulement de ne pas trahir la retraite de nos amis, mais encore de ne pas dénoncer plusieurs personnes compromises dans l'affaire. Cette résistance de la part d'un simple soldat pour le point d'honneur, et vis-à-vis d'officiers d'un grade élevé, était, pour de serviles Allemands, quelque chose de si prodigieux, qu'ils ne pouvaient la comprendre. « Mais vous êtes l'ami intime de l'un des « fugitifs ; vous devez tout savoir, il faut tout « dire. — C'est précisément parce que je suis son « ami intime que je ne veux pas parler. » Stu-

péfaction et colère des interrogateurs. L'un
d'eux saisit le crucifix près duquel on avait
amené Paul, le brandit autour de sa tête comme
pour l'assommer, et s'écrie : « Je saurai bien,
« moi, vous faire jurer ! — Monsieur, lui dit
« mon frère, vous êtes un gentleman, vous con-
« naissez les lois de l'honneur aussi bien que
« moi ; que penseriez-vous de moi si je faisais
« ce que vous me demandez (1) ? »

Ces nobles réponses valurent au jeune Paul
Lamache une condamnation à « un mois de
cachot sombre » ; quant au narrateur, Henri,
il se tira plus facilement d'affaire. Très souffrant au moment de l'évasion, il n'en avait
point reçu la confidence détaillée ; aussi lui
fut-il aisé de ne faire que des réponses
vagues. Il y eut cependant des questions auxquelles il répondit d'une manière catégo-
rique : « Qu'était E... (un des fugitifs) ? —
« Volontaire. — Et L... (autre fugitif) ? — Vo-
« lontaire. — Et vous ? — Volontaire. — Pour-
« quoi sont-ils partis ? — Pour tuer des Prus-
« siens (1). » Malgré ses prières, il ne put

1. Pages 25-27.

obtenir de partager le cachot de son frère. Heureusement, à force de démarches, d'instances, de sollicitations, et grâce à de généreux et puissants auxiliaires, M. Lamache parvint à intéresser la reine de Prusse au sort des deux malheureux enfants (1). Une dépêche envoyée en son nom exprima le désir qu'ils fussent mis dans une chambre de la forteresse. Ils quittèrent donc, l'un son cachot glacial, l'autre sa casemate humide, pour habiter ensemble un appartement sain, et eurent le plaisir de voir ces mêmes officiers qui les avaient traités avec tant de dureté et de hauteur faire des excuses aux protégés de la reine.

Leur captivité dura encore plusieurs mois, adoucie par les soins maternels d'une vieille geôlière, par les secours religieux que leur prodiguait un bon prêtre, et surtout par les

---

1. Ce résultat fut dû surtout à l'intercession de Mme la comtesse de Nesselrode, femme d'un chambellan de la reine. En 1877, pendant la persécution du Kulturkampf, cette fervente catholique, quoique amie de l'impératrice Augusta et ayant eu plusieurs fois l'honneur de recevoir la souveraine dans son château, fut condamnée à une amende correctionnelle pour avoir écrit une lettre de respect et d'adhésion à l'évêque de Munster.

visites de leurs parents, qui avaient pris un logement à Rastadt pour être tout près des chers prisonniers. Cette ville, encombrée de soldats allemands et de prisonniers français, offrait ample matière à l'observateur. J'extrais un curieux passage d'une lettre écrite de Rastadt par M. Lamache :

« Je cherche ici des traces de cette piété tant vantée des troupes allemandes. Je vois des soldats conduits officiellement à la messe le dimanche par leurs sous-officiers, et, à la vérité, s'y tenant fort bien ; on sait qu'ils sont disciplinés. Mais d'officiers badois, je n'en vois point à l'église ; on m'en a cité un ou tout au plus deux qui s'y rendent le dimanche. Au contraire, il y a bien une dizaine d'officiers français qui n'y manquent point. C'est peu, bien peu, mais c'est plus que le contingent badois. Je vous l'avoue, certaines personnes pieuses qui énumèrent à satiété nos fautes et nos vices, et qui nous appliquent moralement et religieusement le *Vae victis*, me rappellent ces amis de Job qui lui étaient devenus plus importuns que son malheur lui-même, à force de lui redire : « Mon bonhomme, vous êtes donc un fieffé coquin, un affreux scélérat, que Dieu vous ait traité de la sorte! »

L'observateur paraîtra peut-être, ici, un peu sévère. Tous ceux qui, depuis la guerre, ont étudié avec calme les causes de nos désastres n'ont pu s'empêcher de faire une triste comparaison entre le sentiment chrétien souvent sincère et profond du simple soldat allemand et l'indifférence religieuse qui, malgré les bonnes dispositions personnelles des chefs, règne dans l'armée française, où cependant la foi serait si facile à réveiller si l'horrible politique des sectaires qui nous gouvernent n'y mettait systématiquement obstacle. Un Alsacien patriote, fils d'un des meilleurs amis de M. Lamache, publiait récemment un épisode de la guerre de 1870, qui servira de correctif à ce qu'il peut y avoir de trop amer dans le jugement qu'on vient de lire :

« Le trait m'a été conté par un curé de village dans un presbytère d'Alsace. Le soir de la bataille de Fræschwiller, lorsque les colonnes françaises eurent disparu à l'horizon, un habi-

tant d'une localité voisine fit atteler sa voiture
pour tenter de porter secours aux blessés. Il
arriva tout d'abord sur un terrain, où un régi-
ment de zouaves s'était trouvé en contact à
l'arme blanche avec un corps d'infanterie rhé-
nane. Sur un tertre gisaient deux zouaves mori-
bonds. Ils eurent la force d'indiquer à celui qui
venait à eux leurs noms, leur pays et purent
le charger de transmettre à leurs familles un
adieu qui était le dernier. Comme il cherchait
un papier sur lequel il pût écrire les indica-
tions qui lui étaient données, l'infirmier im-
provisé aperçut près des zouaves un fusilier
allemand mort, la poitrine perforée d'un coup
de baïonnette. Ce fantassin tenait encore à la
main un livre ouvert. L'habitant écrivit sur la
marge de la page les noms des deux Français.
Plus tard il regarda et le livre et la page. Le
livre était intitulé : *Recueil de prières à l'usage
des armées royales de Prusse*; en tête de la page
se trouvaient ces mots : *Oraison du soldat à
l'heure où vient la mort*. Le prêtre qui me con-
tait ce récit me montrait un volume simplement relié. Depuis lors, je n'ai point séparé

dans mon souvenir les deux Français et le fusilier allemand, et souvent j'ai pensé avec émotion à ce brave homme qui, après avoir obscu-
rément sacrifié sa vie pour son pays, avait fait
monter jusqu'au Souverain Juge l'effort de sa
pensée mourante (1). »

On peut écrire ainsi quand vingt ans ont
passé sur nos défaites, et, sans guérir des
plaies toujours saignantes, nous ont rendus
capables de parler avec équité des événements
de l'année terrible. Quelque excès était bien
permis au patriotisme frémissant du père de
famille réfugié à Rastadt auprès de ses enfants
captifs et qui, d'ailleurs, dans la lettre que j'ai
citée, juge moins les soldats allemands que
leurs chefs. Mais il faudrait bien peu connaître M. Lamache pour le croire capable de déni-
grement systématique, même à l'égard des
ennemis de son pays. Un épisode de son séjour dans la ville badoise, raconté par lui quelques années plus tard, montre au contraire
qu'il avait l'âme assez sincère et assez haute

1. Georges Danzas, dans la *Revue catholique de Normandie*,
1891, **p. 249.**

pour tirer d'eux, au besoin, d'utiles leçons.

« Un jour, éprouvant le désir de secouer mes tristes pensées, je fis une excursion à une certaine distance de la ville. La campagne était presque déserte ; l'hiver commençait à sévir rigoureusement ; toute la jeunesse virile était aux armées. Les quelques gens que je rencontrai, ouvriers ou paysans, me saluèrent tous, à l'exception d'un cantonnier qui travaillait sur la route, et qui, à mon passage, me toisa d'un œil assez malveillant. Il ne me devait pas le salut ; je n'aurais pas remarqué son procédé s'il n'avait contrasté avec celui des autres. Après avoir parcouru quelques kilomètres, je revins sur mes pas, et je remarquai, posée sur un piédestal au bord inférieur de la route, une statue que je n'avais pas aperçue en allant : c'était la statue de saint Jean Népomucène, le martyr du secret de la confession, en grand honneur parmi les populations catholiques de l'Allemagne. Elle était fort bien, et n'aurait pas déparé une belle église. Tout en la regardant, j'élevai mon cœur vers Dieu, le priant, par l'intercession de son serviteur, de

me venir en aide dans mes peines, et en même
temps tout naturellement je me découvris et
je fis le signe de la croix. Quand je retournai
pour continuer mon chemin vers Rastadt, je
revis mon cantonnier à peu de distance de la
statue. Il venait d'être témoin de mon petit
acte religieux, et me regardait d'un tout autre
air que la première fois. Quand je repassai
près de lui, il me salua avec un geste très prononcé de respect. Que s'était-il passé dans
l'âme de cet homme? La première fois, reconnaissant un Français à son allure et au ruban
rouge qui ornait sa boutonnière, il avait obéi
à un premier mouvement d'antipathie contre
un homme appartenant à une nation en guerre
avec la sienne. Et puis, afin d'exciter contre
nous les paysans allemands appelés à nous
combattre, et de leur inspirer confiance en
eux-mêmes, on leur avait dit que nous étions
une nation, une armée de révolutionnaires que
Dieu destinait à être châtiés par leurs mains.
Sans doute, ce cantonnier l'avait ouï dire
aussi, et l'avait cru. Mais il venait de voir de
ses yeux un Français à cheveux blancs qui

honorait Dieu et ses saints, et lui-même alors, oubliant son antipathie nationale, se plaisait à honorer ce vieillard.

« Je rentrai à Rastadt en faisant des réflexions, que l'on devinera aisément, sur les causes qui ont produit, en France, l'absence générale de respect qui se manifeste de tant de manières, et qui tient au fond même des idées et des sentiments. La conclusion pratique de ces réflexions m'était fournie par l'acte du cantonnier badois : voulez-vous que l'on respecte volontiers, en votre personne, une dignité quelconque, dignité de la vieillesse, dignité de la paternité, dignité des fonctions, dignité du savoir, dignité d'une grande fortune que Dieu vous a confiée pour un noble et salutaire usage, dignité d'une haute naissance qui vous oblige doublement à bien faire, commencez par respecter vous-même la Majesté suprême, l'Auteur de tous les dons, le Juge de tous les hommes. La crainte et l'intérêt peuvent courber les corps, seule la religion incline les âmes au respect (1). »

1. *Annuaire des Unions pour l'an* 1876, p. 77-80.

M. Lamache apercevait clairement l'abîme au bord duquel notre infortuné pays avait été poussé par tant de fautes commises contre la loi divine et la sagesse humaine : « Ce qui nous désole, ce qui nous accable, écrivait-il à l'une de ses sœurs, c'est la série d'incroyables revers et de profondes humiliations subies par notre pauvre France. Après la conquête, la guerre civile peut-être ! Que Dieu et la sainte Vierge, patronne de la France, nous viennent en aide ! » Puis, jetant un regard sur lui-même, sur sa fortune compromise, sur sa situation officielle menacée, sur l'avenir de ses enfants devenu incertain, il ajoutait : « Je mets ma confiance dans le Père qui est aux cieux (1). »

1. Lettre du 9 novembre 1870.

IX

BORDEAUX. — GRENOBLE

Quand Strasbourg eut cessé d'appartenir à la France, M. Lamache sollicita du gouvernement républicain une place équivalente à celle qu'il était contraint d'abandonner. Au lieu de la chaire de droit administratif qu'il avait demandée, on le nomma, non sans mauvaise grâce, professeur intérimaire de Code civil à la Faculté récemment créée à Bordeaux. Laissant sa famille recueillir à Strasbourg les débris de son mobilier, il partit seul pour sa nouvelle résidence. Quand il arriva, la ville était en révolution. Gambetta venait de protester contre la capitulation de Paris, et de modifier le traité relatif aux élections ; Glais-Bizoin, Crémieux, et, à la surprise de tous, l'amiral Fourichon avaient pris le parti du dictateur contre Jules Simon, représentant le gouvernement e Paris. Ce fut là sa première impression, mêlée de tristesse et de dégoût, peu faite pour le consoler de Strasbourg perdue (1). Même quand l'ordre matériel et un semblant d'ordre moral furent rétablis, M. Lamache eut peine à se résigner. Non seulement la difficulté de réparer, loin de ses livres, et sans le secours d'aucune bibliothèque de Faculté, un cours qu'il n'avait jamais professé, mais encore et surtout la différence des milieux qu'il avait traversés jusqu'à ce jour et de celui dans lequel il lui faudrait vivre, lui parurent insupportables. Ce Normand, qui s'était si vite fait Alsacien, ne pouvait se résoudre à devenir Gascon. Lui-même, dans une lettre, a peint avec sa sincérité accoutumée les sentiments qu'il éprouvait :

« Depuis 1850, j'avais vécu dans l'excellente ville de Saint-Brieuc, puis à Strasbourg, où il y a aussi beaucoup d'hommes de foi. Je n'avais guère eu de relations qu'avec des gens d'élite et des familles chrétiennes. Ne lisant presque jamais de journaux, jamais de romans

1. Lettre du 7 février 1871.

(parce que j'avais mieux à faire), n'alla
jamais au spectacle, je ne me faisais pas ui
idée de la dégradation où les âmes sont ton
bées en France ! Je la vois, maintenant que
suis rejeté dans le courant commun. »
cette âme habituée aux douces intimités de l
vie de province, une ville de luxe, de richess
et de plaisir, dont les circontances avaiei
fait presque une capitale, était un pénible spe
tacle : M. Lamache sentait ses yeux blessé
par le mal, qui s'étalait plus librement qu
jamais en ces jours d'anarchie, et, ne connais
sant encore personne à Bordeaux, ne pouvai
apercevoir le bien qui, au sein même des plu
grandes cités, poursuit dans l'ombre son œuvr
discrète, et trop souvent timide. M. Lamache
lui, n'était pas timide, et savait dire leur fai
aux gens. Dans les premiers temps de son sé
jour à Bordeaux, il entendit, à table d'hôte, ui
langage peu patriotique. On prêtait aux mobiles de la Gironde d'avoir déclaré qu'ils
n'iraient pas se faire casser la tête pour recon-
quérir l'Alsace et la Lorraine, et l'on approu
ait ce propos plus ou moins apocryphe. Un

professeur du lycée, « appartenant à cette
canaille de doctrine qu'ils appellent en leur jar-
gon l'école positiviste, » dit tout haut : « Au
« fond, ils ont raison de tenir à leur peau. Au
« trefois, on ne connaissait pas le prix de la vie
« humaine. On se faisait tuer bêtement pour le
« roi, comme on disait alors. Mais maintenant
« on apprécie le vie à sa juste valeur. » M. Lamache devint rouge d'indignation : « Mon-
« sieur, dit-il, j'avais eu jusqu'à présent la sim-
« plicité de croire que l'homme a reçu la vie de
« Dieu pour faire son devoir en sacrifiant, au
« besoin, cette vie elle-même. Votre doctrine
« est fort commode pour les poltrons et pour
« les mauvais Français. — Le devoir ! le de-
« voir ! balbutia le jeune positiviste ; il s'agit
« précisément de connaître ce que c'est que le
« devoir. — Monsieur, ce n'est pas ici le lieu
« d'engager une discussion, d'autant plus que
« vous et moi n'aurions probablement aucun
« terrain commun sur lequel nous puissions
« nous rencontrer. Je me borne à dire que
« si l'Université est assez malheureuse pour
« compter dans ses lycées beaucoup de profes-

« seurs qui inculquent de telles doctrines e
« de tels sentiments à la jeunesse, je n
« m'étonne pas que nous ayons été battus
« J'ajoute que si ces doctrines et ces senti-
« ments étaient ceux de la majorité des Fran-
« çais, nous mériterions d'être vilipendés,
« rançonnés et maltraités par les Prussiens
« plus encore que nous le sommes! (1) »

Le patriotisme de M. Lamache n'eut pas seulement à souffrir de vulgaires propos de table
d'hôte, qu'une parole vigoureuse suffisait à
châtier : il se heurta contre l'inertie systématique des gens en place, et, pour une âme
comme la sienne, incapable de calculs intéressés, demeurée à soixante ans aussi droite
et aussi candide qu'aux jours de la jeunesse,
ce fut une triste découverte. La nouvelle de
l'insurrection parisienne et de la Commune
proclamée venait d'éclater. Le maire de Bordeaux fit paraître une proclamation « nageant
entre deux eaux; » le préfet, qui, dans le désordre et le favoritisme de ce temps, cumulait
ses fonctions administratives avec une chaire

1. Lettre du 4 avril 1871.

de la Faculté, publia une autre proclamation, « anodine et très pâle. » M. Lamache pensa qu'un exemple d'énergie donné par un vieillard ranimerait peut-être les courages défaillants; il écrivit la lettre suivante, qu'il eut soin de faire remettre en mains propres :

« Monsieur le préfet, en ce moment des adresses arrivant de toutes parts à l'Assemblée nationale lui seraient un immense secours. Je viens d'en rédiger une que je me propose de soumettre à mes collègues de la Faculté de Droit. Par cela même que les habitudes d'indiscipline sont devenues trop générales, je crois devoir vous la communiquer en votre double qualité de collègue et de préfet. Dès que vous m'aurez fait l'honneur de m'informer officieusement que vous donnez votre assentiment à cette démarche, je provoquerai les signatures.

« En 1848, durant les terribles émeutes de juin, l'énergie défaillante d'un trop grand nombre de mes camarades de la garde nationale de Paris fut subitement ranimée lorsque nous apprîmes que des gardes nationaux des provinces venaient au secours de l'ordre. L'effet moral fut décisif. Le même moyen, employé sans retard, aurait encore le même succès. Si vous jugez convenable de faire immédiatement appel aux hommes de bonne volonté, et si M. le Recteur veut bien m'accorder un congé d'une dizaine de jours, je me ferai un devoir, malgré mon âge, d'aller professer le droit à coups de fusil contre les émeutiers de Belleville. »

Le préfet ne répondit même pas à cette lettre, qui alarma aussi la prudence du recteur. « On regarde mon patriotisme comme du fanatisme, » écrivait M. Lamache; et il ajoutait : « Je sens que, si Dieu ne me conserve pas par sa grâce dans l'esprit d'humilité et de charité, je deviendrai misanthrope (1). » Les émotions du siège, les angoisses paternelles, puis les regrets et l'indignation patriotiques, joints aux fatigues d'un travail écrasant, risquaient en effet, sinon d'altérer l'égalité de son humeur, du moins de mettre sa santé en péril. Ce fut l'impression de Mme Lamache et de ses

1. Lettre du 4 avril 1871.

enfants quand, rentrés en France par la Suisse,
seule voie alors libre, ils furent venus le rejoindre à Bordeaux. Sa conscience professionnelle
s'inquiétait encore d'avoir à faire un cours
auquel une longue expérience de l'enseignement ne l'avait pas préparé. « Pour qu'un
professeur acquière une méthode sûre et
éprouvée, une parfaite clarté d'exposition, une
connaissance approfondie de tous les détails
du sujet (et je possédais tout cela dans une
chaire de droit administratif), il faut qu'il ait
parcouru deux fois au moins le cercle entier
de son enseignement. Le cours complet de
droit civil comprenant trois années, ce n'est
que dans cinq ans que j'aurais pu être tout ce
qu'un professeur doit être, selon la haute idée
que je me forme de ses devoirs. Je ne suis
plus assez jeune pour cet apprentissage (1). »
Aussi le décida-t-on sans peine à demander une
résidence plus conforme à ses habitudes et à
ses goûts. Il fut nommé professeur de droit
administratif à la Faculté de Grenoble.

Là, il put refaire à sa vie un cadre intime et

1. Lettre du 15 juin 1871.

familier, comme il avait eu à Strasbourg. Il lui
fallut, cependant, plusieurs mois pour retrouver son ancienne énergie. « Vous m'avez écrit,
— répondait-il à un ami d'Alsace, — que, sous
la pression de tant de douloureux événements,
vous aviez fait le saut de l'âge mûr à la vieillesse. Moi, j'étais déjà vieux, mais je me suis
senti vieilli de dix ans par ces trois dernières
années. Mes forces physiques ont notablement
baissé, quoique je n'ai pas à me plaindre de
ma santé. Très rarement je retrouve un petit
éclair de gaieté. Je ne me sens plus d'ardeur
ni d'espoir pour aucune entreprise humaine.
Il semble que cette grande ruine de la patrie
m'a mieux fait apercevoir toutes les ruines de
ma vie propre et l'impuissance où je suis de
rien édifier (1)... » Mais bien vite le chrétien
se ressaisit : « Comme ce sentiment de tristesse ne m'empêche pas de remplir mes devoirs,
comme je reconnais avoir été traité par Dieu
beaucoup moins mal que je ne méritais, comme
il me fait la grâce d'avoir, malgré mon indi-
gnité, confiance dans sa paternelle bonté non

1. Lettre du 10 août 1872.

seulement pour le salut de mon âme, mais aussi pour le sort de tous les miens, je le remercie de la disposition d'âme où il me place et qui est une préparation à la mort (1). »

Ces pieuses pensées ne le quittaient guère : elles se mêlaient aux joies réconfortantes que lui faisait éprouver la splendide nature du Dauphiné. « Dans l'après-midi de dimanche dernier, notre course nous a conduits à la limite supérieure des vignobles, au pied d'une haute montagne qui semble taillée à pic, dans un coin charmant, ombreux, solitaire, où se cache un humble couvent de capucins. Nous sommes entrés dans la chapelle où le Père sacristain vaquait à son office. On lisait une paix si profonde et si douce dans les traits du bon Père ; la chapelle pauvre, mais dans le style ogival et tenue avec soin, encadrait si bien son pieux desservant ; il y avait tant de calme et en quelque sorte d'invitation au détachement chrétien dans ce site, dans ce moine, dans cette église, que je m'en sentais l'âme tout à la fois attendrie, reposée et fortifiée. Allons,

1. *Ibid.*

vieux voyageur, tu as prié Dieu, qui donne la force aux faibles et qui soutient les fatigués, tu as demandé au grand saint François, l'amant volontaire de la pauvreté et des souffrances, une étincelle de sa générosité ; maintenant reprends ton bâton et redescends dans la plaine et dans les épreuves de chaque jour. O mon ami, que je plains donc ceux de nos frères qui n'ont pas la foi ! mais aussi quel sujet d'effroi pour moi, qui ai reçu cette grâce précieuse, d'y avoir si mal répondu (1) ! »

A peine installé à Grenoble, M. Lamache avait été, de la part de ses collègues, l'objet d'un hommage délicat. On chargea l'exilé de Strasbourg de présenter à la séance solennelle de la Faculté de Droit le rapport sur le concours annuel de 1870-1871. Ce concours s'était réduit à peu de chose, car la guerre en avait écarté la plupart des étudiants. Aussi la plus grande partie du rapport de M. Lamache se compose-t-elle, non d'appréciations juridiques, mais de notices émues sur les élèves ou anciens élèves de la Faculté qui ont succombé

1. Lettre du 26 septembre 1871.

devant l'ennemi. Plusieurs des traits recueillis par le rapporteur méritent d'être conservés, car ils appartiennent vraiment à l'histoire. Parmi les victimes de la guerre franco-allemande, il en est peu de plus touchantes que ce jeune avocat de Lyon, Paul Sauzet, voyageur, lettré, poète, qui, devançant l'appel, écrit à son frère : « La loi ne m'impose rien, je pouvais donc attendre; mais le devoir strict, qui consiste dans l'exécution de la loi, n'est pas toujours tout le devoir. » Le grade de sergent lui est offert : il préfère rester dans les rangs des simples soldats, afin de mieux les aider de son exemple, de ses conseils, de sa bourse. « Le capitaine de sa compagnie rapporte que, dès le matin de l'affaire de Champigny, tout le monde prévoyait une chaude journée. Avant l'action, cet officier serra la main de ses compagnons d'armes, et leur souhaita à tous de les revoir à la fin du jour. Alors, comme s'il avait eu le pressentiment de sa fin et la vision sereine de l'éternité, Paul Sauzet voulut faire passer dans l'âme de ses camarades la foi dont il était rempli. Il éleva les mains, fixa ses regards sur le ciel, et le leur montra à tous comme le véritable rendez-vous. » Tué par une balle, il fut reconnu par les Frères des Ecoles chrétiennes, qui, relevant son cadavre sur le champ de bataille, trouvèrent dans sa tunique le diplôme de docteur en droit.

L'émotion de M. Lamache et de son auditoire redoubla, quand l'occasion s'offrit au rapporteur de rappeler, à propos d'un jeune héros, les souvenirs du siège de Strasbourg. Il y a là une belle page à joindre à celles que nous avons citées dans le chapitre précédent :

« Le septième nom qui me reste à mentionner dans cette revue nécrologique, c'est le nom de M. Charles de Beylié; je ne le prononce pas sans un surcroît de sympathie, légitime chez un ancien Strasbourgeois. M. Charles de Beylié, bien qu'appartenant à une famille du Dauphiné, était né à Strasbourg. La Faculté de Droit de Grenoble le revendique comme sien, et, en effet, c'est sous la direction des savants.maîtres de cette Ecole qu'il avait parcouru avec succès le cercle entier de ses études juridiques; mais c'est pour la défense de Strasbourg qu'il s'est fait tuer. Strasbourg, vaillante et malheureuse cité, plus française que jamais par le cœur, et à qui, de notre côté, nous tenons fermement par le regret et... par l'espérance; Strasbourg, dont j'ai vu les douleurs, dont j'ai admiré l'énergie, et pour la défense de qui j'avais offert, moi aussi, ce que j'avais de plus cher au monde, j'ose dire que c'est en ton nom, comme au nom de la Faculté de Droit de Grenoble, que je rends hommage à la mémoire de son ancien élève, tombé sur tes remparts !

« M. Charles de Beylié, peu de temps après avoir terminé son droit à Grenoble, avait été attaché au parquet du tribunal de sa ville natale. Tout lui souriait dans la vie. Il était accueilli avec empressement dans les plus honorables maisons de la ville. Parmi les compagnons de son âge, s'il s'en trouvait quelqu'un qui n'eût pas ses fermes principes et ses habitudes de conduite, charmé cependant par l'amitié et l'enjouement de caractère du jeune de Beylié, il lui pardonnait volon-

tiers d'être meilleur que lui. Estimé, aimé de
ses chefs, il était sur le point de devenir substitut, lorsque survint la guerre. Sa famille lu
demanda avec instances de revenir près d'elle
à Grenoble, où il était inscrit. Il répondi
qu'il resterait à Strasbourg, parce que le danger y étant plus imminent, il y aurait plus de
chances de se rendre utile. Nommé sous-lieutenant dans la garde mobile de la ville assiégée.
il eut l'honneur d'être placé à un poste très
dangereux ; il fut employé à la défense de la
Porte de Pierre, dans le voisinage de laquelle
les obus prussiens firent une brèche aux remparts. La pluie de projectiles était cependant
intermittente. Dans les intervalles, le jeune
de Beylié retournait aux livres qu'il avait
dans sa casemate ; il écrivait et prenait des
notes ; puis le feu recommençant ranimait
aussitôt chez lui l'entrain et l'ardeur militaires.
« Si ce n'étaient nos malheurs, cette vie de
« danger m'enivrerait, » écrivait-il le jour même
où il fut frappé mortellement, le 14 septembre.
Au soir de ce jour funeste, l'officier de service
pour la nuit étant souffrant, M. Charles de

Beylié s'offrit pour le remplacer. Quelques instants après, une balle lui traversait la poitrine. Transporté à La Toussaint, maison de santé tenue par des religieux, il demanda les derniers sacrements et les reçut avec une grande piété.

« Plaignons ses parents, mais lui ne le plaignons pas! Il est mort pour la plus sainte des causes, mort en soldat et en chrétien. Il savait que l'homme a reçu la vie de Dieu pour faire son devoir, en sacrifiant, au besoin, cette vie elle-même dans ce qu'elle a de périssable. Par delà le tombeau, sa foi lui montrait l'éternelle récompense promise au sacrifice généreusement accompli.

« Un dernier rayon de joie brilla dans ses yeux, lorsque le commandant de son bataillon lui apporta sur le lit d'agonie la croix d'honneur si bien méritée. Quoique le trajet de La Toussaint au jardin botanique, converti en cimetière provisoire, fût long et périlleux; quoique les obus allemands fréquentassent le cimetière lui-même, les amis de M. Charles de Beylié y accompagnèrent ses restes mortels;

et là, près de la tombe, le commandant du
bataillon loua hautement « le jeune homme
si intelligent, si brillant, et en même temps s
héroïque dans la mort. »

« Dix jours plus tard, je vis entrer dans ce
même cimetière un des meilleurs élèves de la
Faculté de Droit de Strasbourg, fils unique,
digne, lui aussi, des plus profonds regrets. Ces
deux excellents et aimables jeunes gens, M. de
Beylié et M. Vernet, qui s'étaient plus d'une
fois serré la main et qui, l'un et l'autre, sous-
lieutenants dans la mobile, ont été tués par
les balles allemandes, pour la défense de
la même ville, sur les mêmes remparts, sont
pour moi comme un trait d'union touchant
entre la Faculté de Droit de Strasbourg, détruite par le flot de l'invasion, et la Faculté de
Droit de Grenoble, qui a bien voulu accueillir
avec sympathie une des vivantes épaves de ce
naufrage. »

M. Lamache noua promptement des relations cordiales avec ses collègues des diverses
Facultés de Grenoble. Pourquoi ne pas citer,
parmi les noms qui reviennent le plus souvent

dans ses lettres, celui de M. Charaux, écrivain exquis et original, plus connu des délicats que du grand public, et qui semble un platonicien égaré dans notre siècle de matérialisme et de prose; celui de M. Paul Fournier, devenu, jeune encore, l'un des maîtres de la science historique par l'étendue des recherches et la précision de la méthode? Rendu à une vie paisible, à l'enseignement d'une branche du droit où, de l'aveu de tous, il était supérieur, M. Lamache finit par se reprendre « aux longs espoirs et aux vastes pensées ». Pendant bien des années, à travers les difficultés et les épreuves, il avait semé ses idées sous mille formes fugitives; par l'article de journal, par l'article de revue, par l'opuscule de polémique et la brochure de circonstance. Mais le loisir, le recueillement indispensables à l'écrivain et au penseur lui avaient fait défaut jusqu'ici pour composer un ouvrage de longue haleine, où il pût vraiment mettre toute sa science et donner de lui-même une pleine mesure. Souvent, cependant, il en avait caressé le projet. A l'époque où il professait à Strasbourg le droit romain, on le voit tracer le plan d'un livre qui, certainement, eût paru original. Le titre en devait être : *Le Droit romain, les Classiques latins et les Pères de l'Eglise.* « Le droit, dit-il, tenait une si grande place dans la vie romaine que les historiens, les moralistes, les poètes abondent en textes qui s'y réfèrent et dans la traduction desquels les plus savants latinistes ont fait des contresens grotesques, faute de notions spéciales. Leur donner ces notions serait rendre un véritable service aux lettres. D'autre part, Cicéron, Sénèque, Pline, Tacite, Horace, Juvénal répandront peut-être quelque attrait sur le droit romain. Enfin, parmi les hommes qui s'intéressent à l'histoire des grands faits intellectuels et moraux, quelques-uns seront sans doute bien aises de connaître le jugement que les Pères de l'Eglise ont porté sur certaines dispositions de ce droit, et l'influence que le christianisme naissant a exercée sur une législation qui est mère de la nôtre (1). » Même à travers cette rapide esquisse on entrevoit, ce semble, l'intérêt du

1. Lettre du 23 août 1857.

sujet. Mais la translation de M. Lamache à
une chaire de droit administratif, en orientant
différemment ses études, ou plutôt en lui faisant reprendre un sillon antérieurement creusé,
empêcha sans doute ce projet d'aboutir. Peu à
peu, dans la préparation de son cours, il commença de rassembler les éléments d'un ouvrage
qui, dit-il, manquait à la littérature juridique
et eût été, en plusieurs volumes, le résumé de
son enseignement : le traité *du Droit administratif dans ses rapports avec le Droit civil*. Il en
parle dans beaucoup de ses lettres, et l'on voit
sa pensée y revenir sans cesse. Ce livre était
déjà bien avancé en 1870. Après son installa-
tion à Grenoble, M. Lamache crut le moment
venu d'y mettre la dernière main. Il s'assura
même, pendant quelque temps, dans ce but la
collaboration d'un jeune collègue de la Faculté
de Droit. Quand on songe aux immenses maté-
riaux qui avaient été réunis, on ne saurait
trop regretter que certaines difficultés matérielles de publication, et aussi les scrupules
croissants du jurisconsulte et de l'écrivain,
difficile à se contenter lui-même, aient détourné

M. Lamache de terminer son œuvre. Mais d'autres causes encore paraissent l'en avoir peu à peu détaché : le bouleversement amené dans le droit administratif par le nouveau régime politique, l'arbitraire qui prévalut d'année en année, les lois antireligieuses déjà votées, et celles qu'il voyait en préparation, ce qu'il appelle, dans une de ses lettres, « l'inique et servile jurisprudence de *leur* Conseil d'État et de *leur* tribunal des conflits. » Quand le droit administratif s'écarte de plus en plus du juste et de l'honnête pour devenir l'instrument politique de l'omnipotence et des spoliations de l'État anti-chrétien, un libéral comme fut toujours M. Lamache sent la plume lui tomber des mains.

Mais si nous ne possédons pas le livre, divers fragments publiés sous forme d'articles de revue nous laissent juger de l'esprit qui l'eût animé. Tel est, en 1873, le mémoire qui a pour titre : *Des recours en justice contre les actes du gouvernement.* M. Lamache, exposant de nouveau sous la République des idées qu'il avait soutenues sous l'Empire dans son enseignement oral à Strasbourg et dans une feuille quotidienne, y combat la doctrine et la jurisprudence qui tendent à soustraire aux tribunaux de droit commun la connaissance des actes administratifs lésant un particulier. « La doctrine que j'ai cru devoir attaquer dans ce travail, malgré les nombreuses autorités dont elle peut se prévaloir, me paraît, dit-il, entachée d'un triple vice. Elle admet, sans en justifier, une exception fort élastique à cette règle élémentaire : Tout droit blessé a le recours en justice. Elle compromet, elle sacrifie, quand cela plaît au gouvernement, les garanties les plus précieuses établies par nos lois. D'une part, elle exagère, et de l'autre, elle méconnaît le principe de la séparation des pouvoirs. » Deux autres articles parurent l'année suivante, sous ce titre : *Des dons et legs faits aux établissements ecclésiastiques ou religieux pour assistance des pauvres ou fondations d'écoles*; ils avaient pour but d'exposer et de défendre un changement libéral dans la jurisprudence du Conseil d'État, diminuant les entraves qui s'étaient opposées jusque-là (et qui s'opposent plus que jamais aujourd'hui) aux fondations charitables. « Dans le second article

— écrit M. Lamache à l'un de ses amis — j'ai réfuté les attaques et les récriminations élevées contre cette nouvelle jurisprudence. J'ai composé ce second article à la demande d'un employé supérieur du ministère de l'intérieur, qui a les bureaux de bienfaisance dans sa division et se trouve appelé par conséquent à s'occuper, comme administrateur, des questions que j'ai traitées comme jurisconsulte. Je ne le connaissais pas. Mais, zélé catholique, il m'a écrit une lettre très sympathique au sujet de mon premier article, m'a envoyé un long article en sens contraire, et m'a prié de le réfuter et de faire tirer à part quelques exemplaires de la réfutation, afin qu'il pût les distribuer utilement pour la bonne cause. Cet excellent monsieur prend la peine de corriger mes épreuves. J'ai été tout content de pouvoir penser, d'après ce témoignage d'un juge compétent, que je n'avais pas manqué complètement mon but, qui était de faire apprécier et approuver une jurisprudence vraiment libérale et chrétienne (1). » — Heureux et trop court

1. Lettre du 28 novembre 1874.

moment, où la liberté de la charité fut en honneur sous la troisième République! mais, en même temps, remarquable témoignage de l'effet produit, jusque dans les sphères officielles, par les efforts de M. Lamache pour incliner dans ce sens la jurisprudence administrative!

Ces articles avaient paru dans *le Contemporain*. Pendant les années suivantes, M. Lamache donna à ce recueil plusieurs autres travaux se rattachant plus ou moins directement au même ordre d'études : *la Législation de la noblesse en France depuis* 1789 *jusqu'à nos jours* (1875); *Remarques historiques et juridiques sur les principes de* 1789 (1876); *le Gallicanisme parlementaire en* 1877. Cette même année 1877, il inséra dans la *Revue générale d'administration* un mémoire sur *les autorisations administratives d'usines et les effets qu'elles produisent par rapport aux tiers*. Je ne saurais analyser ici ces divers travaux; je signalerai cependant, comme un des plus remarquables, l'étude sur les principes de 1789, où l'auteur, avec un grand sens critique, distingue celles des maximes proclamées par l'Assemblée constituante qui ne

13.

répugnent en rien à la plus pure orthodoxie
catholique, celles qui ne sont autre chose que
la reproduction de règles politiques et sociales
bien antérieures à l'époque révolutionnaire,
celles enfin qui reçoivent de la législation positive des tempéraments qui atténuent ce que,
prises absolument, elles auraient d'excessif et
de faux, ou qui parfois, dans la pratique, se
corrigent et se neutralisent l'une par l'autre.
Cette étude, exempte de tout parti pris comme
de toute déclamation, rendue souvent piquante
par des rapprochements inattendus, serait
utile à relire aujourd'hui, si quelque part on
se préoccupait encore de discussions sur la
valeur théorique des principes de 1789 ; mais,
depuis l'époque où elle parut, tout ce que ceux-
ci contenaient de vrai et de bon a été si souvent
vent foulé aux pieds, nous les avons vus en
particulier méconnus avec un tel cynisme par
les politiciens sectaires qui sous nos yeux ont
exploité la France, qu'après avoir lu le mémoire
de M. Lamache il semble qu'on vienne de parcourir quelque traité d'archéologie. J'emprun-
terai à un autre de ses travaux une page

superbe, où paraissent toutes les qualités de son style, et en particulier la sensibilité puissante par laquelle il savait animer les sujets les plus arides. Il termine ainsi une apologie de la loi de 1826 sur les substitutions, considérée à tort comme une réforme aristocratique, et qui ne fut qu'une tentative de défense sociale contre l'instabilité des fortunes et l'émiettement des patrimoines :

« Certain que mon champ appartiendra après moi à mon fils, à mon petit-fils, à mon arrière-petit-fils, j'y planterai volontiers un chêne, sans quoi je n'y planterais qu'un peuplier. En d'autres termes, les substitutions favorisent les entreprises de longue haleine, les travaux et les dépenses qui ne peuvent porter leurs fruits qu'après un grand nombre d'années. Cette observation s'applique non seulement à l'agriculture, mais aussi à l'industrie et au commerce. Dans une discussion qui eut lieu au Sénat à l'occasion du traité de commerce avec l'Angleterre, M. Dumas fit remarquer que les industriels anglais et américains trouvent une cause de supériorité sur les nôtres dans les lois de leur pays, qui permettent les substitutions à deux degrés. Lorsqu'une grande entreprise industrielle a été fondée, avant que l'on en retire de véritables bénéfices, il **faut** qu'elle ait fonctionné **assez** longtemps pour qu'on ait pu amortir le capital de fondation. Le temps, la certitude de durée, sauf les chances inévitables du commerce, voilà la première condition de succès pour certaines entreprises. On **peut** les **leur assurer** par le moyen des substitutions, tandis que notre législation actuelle les condamne à se dissoudre presque inévitablement au décès de leurs auteurs. Il faut reconstituer le capital de fondation, et reconstruire sur de nouvelles bases. Ce sont des édifices posés sur des sables mouvants.

« L'esprit de famille n'aurait-il rien à gagner aux substitutions ? Il est un mot de notre langue qui est tombé en désuétude, et dont je regrette singulièrement la disparition : le mot *manoir*. Manoir, c'est-à-dire la demeure patrimoniale où résida l'aïeul, où résidera le petit-fils, dans laquelle, du moins, si ses fonctions l'en éloignent habituellement, il reviendra de temps en temps retrouver avec bonheur de douces images, des souvenirs chers et sacrés, les conseils qu'une mère ou une aïeule vénérée semble encore lui adresser sous la charmille où elle aimait à se reposer, près du foyer où était placé son grand fauteuil. Manoir, c'est-à-dire une maison qui, bien qu'appartenant à un seul, est un centre d'attraction, un dernier lien pour les membres de la famille dispersés aux quatre coins de la France. Dans la vie nomade qui est devenue le lot du plus grand nombre, ils n'ont plus en quelque sorte que des tentes. Mais l'un d'eux possède encore la maison des ancêtres. On sera heureux de s'y réunir, ne fût-ce qu'à de lointains intervalles et pour peu de jours. Près du foyer commun et primitif, la famille se sera retrouvée, se sera reconnue, et aura scellé de nouveau le pacte d'alliance, d'affection, de fraternel appui. Le mot *manoir* a disparu, parce que la chose qu'il exprime est devenue rare et presque impossible : elle redeviendrait possible au moyen des substitutions (1). »

1. *Législation de la noblesse en France depuis* 1789, tirage à part, p. 57-58.

L'éloignement, les occupations qui remplissaient sa vie transplantée, n'empêchaient pas M. Lamache de se sentir lié par bien des fibres à la chère province d'Alsace, toujours française à ses yeux. Aussi éprouva-t-il le pénible contre-coup de l'émotion causée par l'attitude de Mgr Raess au Reichstag. On sait qu'à la séance du 18 février 1874, l'évêque de Strasbourg, député de la sixième circonscription d'Alsace-Lorraine, crut devoir se séparer du parti de la protestation, et essaya d'en séparer avec lui les catholiques, en déclarant que lui et ses coreligionaires reconnaissaient la légitimité du traité de Francfort (1). Ces paroles soulevèrent le patriotisme alsacien. Tous les députés des pays annexés, et parmi eux plusieurs membres du clergé (2), les frappèrent d'une réprobation énergique. Les amis alsaciens de M. Lamache, aussi bien ceux que les

1. *Parlement de* 1874. *Les affaires d'Alsace-Lorraine.* Strasbourg, Trübner, 1874, p. 14.

2. Outre Mgr Raess, la députation d'Alsace-Lorraine comptait, en 1874, six curés et un évêque, l'intrépide Mgr du Pont des Loges.

circonstances avaient forcés à demeurer dans la province que ceux qui avaient émigré pour rester Français, lui adressèrent des lettres où l'attitude de l'évêque était jugée sévèrement. Un des ecclésiastiques les plus considérables, les plus modérés et les plus pieux de Strasbourg lui écrivait : « Sans doute les intentions de Mgr Raess n'étaient pas mauvaises. Mais jamais paroles ni écrits n'ont produit un plus triste effet. Il a été infidèle à son mandat, et il n'a rien compris de la vraie situation et de l'état des esprits. » M. Lamache avait beaucoup connu le vénérable prélat, dont la plus grande faute comme la meilleure excuse était d'avoir fait son éducation de l'autre côté du Rhin, et d'avoir trop appris à penser en Allemand pour être capable de sentir tout à fait en Français. Avec son équité délicate, il essaya de plaider, devant ses amis, les circonstances atténuantes, tout en laissant voir la blessure faite à son patriotisme par les paroles d'un homme qu'il avait été habitué à respecter. A l'un d'eux, qui avait tout abandonné, patrie, famille, fonctions, pour se conserver à la France, il écrit :

« Vous êtes beaucoup plus compétent que moi pour apprécier l'attitude de Mgr Raess au Reichstag. Ses intentions étaient bonnes, comme vous le reconnaissez; mais il s'est absolument mépris sur la situation vraie des choses, et les résultats de cette erreur ont été encore plus tristes, plus déplorables que je ne pouvais le supposer. Ce qui m'a particulièrement affligé, c'est le conseil qu'il vous avait donné de servir Guillaume. Les sentiments que je lui avais entendu maintes fois exprimer ne concordaient nullement avec ce triste conseil. Je suis persuadé que l'âge, les émotions du siège, et l'inévitable chagrin causé à Mgr Raess par le passage de l'Alsace sous la domination d'une puissance qui persécute le catholicisme, ont affaibli beaucoup l'intelligence et la volonté du vieil évêque. Immédiatement après avoir lu dans les journaux la déclaration faite par lui au Reichstag, mon fils Paul, obéissant à l'un de ces mouvements spontanés et généreux qui sont de son âge, lui écrivit une lettre signée *Lamache, ancien élève du Petit-Séminaire de Strasbourg,* très respectueuse et très pieuse, mais où il le conjurait, au nom de Notre-Dame bombardée par les Prussiens, de consoler les catholiques français et les Alsaciens en saisissant la première occasion de déclarer son invincible attachement à la France. Je n'aurais pas écrit cette lettre ; mais je ne suis pas fâché que Mgr Raess ait pu apprécier, par cette lettre d'un de mes fils, quel douloureux froissement il avait produit dans les âmes les plus disposées, envers lui, au respect et à l'attachement (1). »

Cette occasion de regagner sa popularité perdue, la violence maladroite des conquérants l'offrit bientôt à l'évêque de Strasbourg. Le patriote s'était laissé tromper ; mais, quand M. de Bismarck déclara la guerre à l'Eglise, l'évêque se retrouva. « J'ai lu avec plaisir dans les journaux, écrit M. Lamache, la saisie du mandement de Mgr Raess par la police prussienne. J'espère que les Prussiens ne s'en tiendront pas là, et qu'ils lui feront tâter de la prison. Par ses vertus épiscopales, Mgr Raess mérite cette réhabilitation (2). »

1. Lettre du 29 mai 1874.
2. Lettre du 15 février 1875.

Ce mot restera, si je ne me trompe, comme la note juste, charitable et respectueuse sur cette affaire. Au moment même où il l'écrivait, M. Lamache pouvait reporter, sinon avec une entière satisfaction, du moins avec quelque espoir ses regards de l'Alsace persécutée sur la France encore gouvernée par d'honnêtes gens. L'Assemblée élue après nos désastres pour relever la France abattue rachetait en partie la périlleuse stérilité de ses travaux politiques en mettant la dernière main à une œuvre de religion et de liberté. La loi qui devait affranchir l'enseignement supérieur était à la veille d'être votée. M. Lamache avait été trop mêlé jadis aux luttes en faveur de la liberté de l'enseignement secondaire, pour ne pas voir avec une joie profonde cette conquête de sa jeunesse complétée par une nouvelle victoire, qui en était le couronnement logique et trop longtemps attendu. Il salua comme un triomphe le succès obtenu, non sans peine, par la dernière majorité vraiment conservatrice et libérale qu'ait connue notre Parlement. Peut-être, comme Mgr Dupanloup lui-même et beau-

coup de bons esprits, regretta-t-il qu'un élan
trop impétueux fît surgir à la fois des Universités libres sur divers points de la France, au
lieu que les forces intellectuelles et financières
des catholiques se concentrassent, au début,
dans une ou deux créations vraiment puis-
santes (1). Mais, malgré les incertitudes d'une
entreprise hâtivement commencée, il se tenait
pour assuré du succès définitif. Les obstacles
que, de bonne heure, les adversaires de la
liberté d'enseignement essayèrent de susciter
n'effrayaient pas M. Lamache. Il lui semblait
qu'une œuvre comme celle-ci, voulue par la
Providence, était désormais enracinée dans le
sol national, et inséparable des destinées de la
patrie. « On chicanera — dit-il — les Universités catholiques, on essaiera par des mesures
plus ou moins blessantes d'entraver leur fondation ou leur progrès ; mais elles triomphe-
ront de ce mauvais vouloir, parce qu'elles cor-
respondent à un besoin très réel, qu'elles sont
bénies par l'Eglise, et que l'étonnante abon-
dance des ressources pécuniaires qu'elles ont

1. Lettre du 31 décembre 1875.

déjà trouvées est le plus énergique symptôme
de leur légitime popularité parmi les croyants
des classes riches. En supposant que la déma-
gogie obtienne un de ces matins une victoire
complète, sans doute elle détruira les Facultés
catholiques, et bien d'autres choses avec elles ;
mais cette victoire sera courte, et les Facultés
comme les autres institutions catholiques revi-
vront, à moins que la France ne soit condamnée à s'abîmer définitivement dans l'anarchie, le sang et les ruines (1). »

Il eût été surprenant qu'aucune des nouvelles Universités n'eût fait appel au dévouement de M. Lamache, que tant de titres dési-
gnaient en première ligne à leur choix. C'est
bien à de tels hommes que Mgr Dupanloup
avait adressé une invitation discrète, en
s'écriant du haut de la tribune : « Il se trou-
vera (parmi les maîtres du nouvel enseignement supérieur) des chrétiens, de grands
chrétiens, comme j'en connais dans l'Université
elle-même. » Cependant M. Lamache crut
devoir décliner toutes les demandes dont il fut

1. Lettre du 12 août 1876.

l'objet. Il avait vu avec un sourire approbateur un de ses fils, dans un élan de juvénile enthousiasme, dédier publiquement sa thèse de doctorat en médecine, « en témoignage d'admiration, » à un professeur qui venait d'abandonner une chaire de l'État pour se donner à l'une des nouvelles Universités. Il avait éprouvé un sentiment de joie et de fierté en apprenant qu'« un de ses neveux, qui portait son nom, entrait au service d'une Université catholique, c'est à dire tout ensemble de la science et de l'Église (1). » Mais, quelque honorables ou avantageuses que fussent les instances essayées près de lui, il refusa, pour son propre compte, d'abandonner le poste qu'il occupait depuis vingt ans. Il indique le principal motif de ce refus dans une lettre intime, qui, croyons-nous, lui fait grand honneur :

« Des offres m'ont été faites de la part des Facultés de Droit libres catholiques qui s'établissent à Angers, à Lille, à Lyon. Je n'ai pas cru devoir accepter. Dans les Facultés de l'État dont j'ai fait partie, à Strasbourg et à Grenoble,

1. Lettre du 22 août 1876.

j'ai vu la majorité de mes collègues donner
l'exemple de l'accomplissement des devoirs
religieux. Aucun d'eux, à ma connaissance, n'a
jamais attaqué la religion, ni dans ses cours,
ni dans ses écrits. Personnellement j'ai conscience d'avoir fait quelque bien moral à la
jeunesse, dans la position où Dieu m'a mis.
Cela étant, une désertion, de ma part, ne serait
pas motivée, et elle serait même peu honorable; car, devant le public, elle accuserait et
calomnierait mes collègues (1). »

En s'exprimant de la sorte, M. Lamache ne
songeait. ni à contester l'utilité d'un mouvement auquel (on l'a vu) il s'associait de tout
son cœur, ni même à donner d'une manière
générale à l'enseignement de l'État un témoignage d'approbation qui aurait (d'autres lettres en font foi) dépassé considérablement sa
pensée. Il parlait seulement du droit qu'il avait
professé, et des hommes dont il avait été le
collègue dans deux excellentes et patriarcales
Facultés de province.

Il est superflu de le dire, enseignant au nom

1. Lettre du 29 octobre 1875.

e l'État, M. Lamache se montrait aussi indé-
endant dans son langage, aussi franc dans ses
inions, que s'il eût professé dans une des
cultés libres qui avaient désiré son concours.

ne crut jamais que les fonctions publiques
ligeassent celui qui en était revêtu à cacher
s sentiments sous le voile d'une honteuse
eutralité. « Le couronnement du pape
éon XIII, écrit-il au mois de mars 1878, a été
élébré ici par des illuminations auxquelles a
ris part un quinzième environ des logements
e la ville. Sur le cours Saint-André, où
habite, il n'y en avait que deux. Bien entendu,
otre maison était une des deux. Notre trans-
arent : *Vive Léon XIII!* a été salué plus de
ix fois dans la soirée par un ignoble refrain
ont je me rappelle seulement ces paroles :
Dansons la carmagnole... à bas les calotins...
u diable soit le pape! » Nous nous étions
ttendus à avoir, pour petit profit spirituel,
uelques vitres cassées ; mais les voix seules
nt fonctionné, et non les cailloux. » On ne
s'étonnera pas que, dans son cours, M. Lamache ait toujours fait preuve de la plus éner-

gique indépendance, n'hésitant jamais à d
devant ses élèves sa pensée tout entiè
L'enseignement du droit administratif. où pl
qu'ailleurs se faisait sentir le contre-coup de
politique dominante, lui en donna souve
l'occasion. « Lorsque les étranges répub
cains qui nous gouvernent auront *suspen*
l'inamovibilité des magistrats et rempli
tribunaux de leurs créatures, écrivait-il,
droit, opprimé dans la personne des cath
liques, n'aura plus en France un seul refug
Vous avez vu déjà ce qu'ils ont fait du Conse
d'Etat. L'ancien personnel était honorable
instruit. Les conseillers nouveaux .. ont rend
déjà des décisions tellement contraires à tou
les principes juridiques et à toutes les trad
tions de la jurisprudence, que je me suis cr
en droit et je me suis fait un devoir de les cr
tiquer publiquement, comme jurisconsult
dans mon cours de droit administratif (1).
« Récemment, dans mon cours, écrit-il encore
faisant une leçon sur l'organisation du Conse
d'Etat, j'ai constaté, sans aucune violence d

1. Lettre du 2 janvier 1880.

langage, mais avec une énergie froide, l'illé-
galité du décret qui a été le premier acte élaboré par le nouveau Conseil, et qui a exclu du
concours pour l'auditorat les jeunes gens
reçus licenciés à la suite d'examens passés
devant les jurys mixtes. Mes jeunes auditeurs
ont beaucoup applaudi. Je ne savais pas, en
commençant, si, au contraire, je ne serais pas
sifflé. Mais j'estime que c'est un devoir impérieux pour le professeur de droit d'enseigner
le *Droit*, et de maintenir autant qu'il le peut,
chez les étudiants, le respect des principes
d'équité formellement consacrés par le texte
de nos lois. Ce devoir, je l'ai accompli sous
tous les gouvernements; et ce que j'ai dit
récemment, je l'aurais dit quand même
M. Ferry ou un inspecteur général aurait
assisté à mon cours (1). » Les applaudissements de ses auditeurs éclatèrent plus enthousiastes encore lorsque, ayant à parler du
tribunal des conflits, il flétrit l'inique jurisprudence adoptée par ce tribunal dans les affaires
soulevées par l'exécution des décrets du 29 mars.

1. Lettre du 30 décembre 1880.

C'était vraiment, comme il le sentait lui-même, le Droit se levant pour protester contre l'invasion de la politique et de toutes ses souillures dans le sanctuaire de la justice, et la parole du professeur faisant éloquemment écho à la muette protestation des magistrats descendus de leurs sièges pour n'être pas complices de cette profanation.

Les longs services et les mérites exceptionnels de M. Lamache semblaient le désigner pour la charge de doyen, qui eût été l'honorable couronnement de sa carrière. Cependant, cette charge étant devenue vacante (en 1878), des considérations auxquelles la politique ne fut point étrangère lui firent préférer un autre candidat. Mais il reçut, quelque temps après, le titre de professeur de première classe, très rarement accordé dans les Facultés de province, même aux doyens. « Cette promotion, écrit-il, est venue me surprendre agréablement, sans que je l'eusse demandée, et sans que j'aie jamais rompu d'une semelle sur le terrain des principes. Je continuerai, dans mon cours, de critiquer leurs iniquités, lorsque

l'occasion juridique m'en sera offerte (1). »
En 1885, M. Lamache fut élu à l'unanimité
membre du Conseil général des Facultés. Ses
collègues, dont il avait refusé si dignement de
se séparer, avaient pour lui une estime affectueuse, qui devint peu à peu de la vénération,
quand ils virent le vieux professeur supporter
sans faiblir le poids d'un double cours, celui de
droit administratif, dont il était titulaire, et
celui de législation industrielle, qui lui avait
été donné par surcroît. Le sentiment du devoir,
l'espérance de faire du bien à la jeunesse, et aussi
le désir d'être plus longtemps utile aux siens,
le décidèrent à mener, bien après l'âge où tant
d'autres aspirent au repos, la vie active de l'enseignement, que son étonnante vigueur intellectuelle et physique lui rendait encore facile.

Quand, en 1886, les exigences du récent décret sur la limite d'âge l'obligèrent à descendre
enfin de sa chaire, ni sa doctrine, ni sa parole
n'avaient vieilli. De l'avis des meilleurs juges,
le jurisconsulte de soixante-seize ans eût pu
fournir encore une longue carrière. Ses col-

1. Lettre du 2 janvier 1883.

lègues, le doyen de la Faculté, le recteur de l'Academie, l'inspecteur général des Facultés de Droit, demandèrent même au ministre de le maintenir en fonctions « dans l'intérêt de l'enseignement »; mais une aussi complète dérogation à la loi (qui fut aussi, si je ne me trompe, vainement sollicitée pour Demolombe) ne put être obtenue. D'unanimes témoignages de respect et de regrets accompagnèrent sa retraite. Par une démarche sans précédent, une délégation de professeurs se rendit chez M. Lamache pour lui offrir, au nom de tous, une coupe artistiquement ciselée, dont le rebord portait cette inscription : *A Paul Lamache, ses collègues de la Faculté de Droit de Grenoble. Strasbourg, 1854-1870; Grenoble, 1871-1886.* « Je leur ai su gré, écrivait-il, de cette réunion de Strasbourg et de Grenoble. Ils savaient combien est vif et persévérant mon désir que l'Alsace redevienne française! » Dès lors, chaque année, le 1er janvier, la Faculté de Droit tint à honneur de commencer par M. Lamache les visites officielles qu'elle fait aux autorités. Il était, lui, une autorité morale.

X

LES DERNIÈRES ANNÉES

Après avoir pris sa retraite, M. Lamache continua de résider à Grenoble, aimé et vénéré
de tous. Les affections de la famille, d'amicales
relations, ne remplirent pas seules ses loisirs :
la prière et la lecture occupèrent une grande
partie de ses journées : le reste du temps fut
donné aux exercices physiques, promenade,
natation, jardinage, au moyen desquels sa
vieillesse se maintenait saine et robuste.
« Votre vieil ami, écrit-il, ne cultive plus
guère que son jardin. J'alimente notre table
de petits pois, de salades, de haricots, etc.,
sans négliger entièrement les fleurs, auxquelles
il convient de réserver quelque place dans la
vie (1). » Parole charmante, d'une aimable
philosophie. Mais plus qu'aux fleurs, et aux

1. Lettre du 18 juin 1887.

14.

nobles jouissances dont elles sont l'emblème, il avait toujours réservé à la charité une place privilégiée, qui dans les loisirs de sa retraite ne put que s'agrandir encore.

On sait quel était l'attachement de M. Lamache pour la Société de Saint-Vincent de Paul. Il avait présidé à Strasbourg la conférence de la paroisse de la Madeleine, mais après être demeuré longtemps simple membre, et n'en avoir accepté la direction qu'à son corps défendant. Il en fut de même à Grenoble, où il ne consentit qu'après une longue résistance à diriger la conférence de Saint-Bruno. Mais, membre ou président, *sa conférence* était, nous dit-on, l'une de ses plus grandes préoccupations. Personne ne se montrait plus assidu aux séances, ni plus exact à la visite des pauvres. Non seulement il leur distribuait ses propres aumônes, mais il quêtait pour eux avec un zèle infatigable. Une notable partie des ressources de la conférence provenait des dons qu'il apportait de la part de personnes heureuses de faire passer leurs aumônes par ses mains. Mais il se donnait surtout lui-même, ne ménageant pas ses fatigues, offrant à ses chers pauvres ce qu'il y a de plus précieux pour l'homme d'étude, son temps : que de fois il fit servir son rare talent de narrateur à égayer l'ennui de quelque malade solitaire ! Tout à la fin de sa vie, à plus de quatre-vingts ans, il montait encore dans les mansardes ; et son plus grand bonheur était de s'y faire accompagner d'une de ses petites-filles, qui donnait en aumône ses sous d'école, auxquels la gracieuse enfant ajoutait quelquefois un petit bouquet cueilli dans le jardin du grand-père. J'ai cité plus haut son mot sur « les fleurs, auxquelles il convient de réserver quelque place dans la vie ; » on voit que, dans sa pensée, les pauvres en devaient avoir aussi leur part.

La dernière fois que M. Lamache ait parlé en public, c'est à une assemblée générale des conférences de Grenoble : il était alors dans sa quatre-vingt-unième année. Aucun des assistants n'a oublié l'éloquence entraînante, les admirables accents de foi, avec lesquels, ce jour-là encore, il plaida la cause des malheureux en qui il reconnaissait Notre-Seigneur

Jésus-Christ lui-même. Rien ne le réjouissait plus que les progrès de la Société de Saint-Vincent de Paul, soit parmi les militaires, les magistrats, les bourgeois riches, qu'il voyait se déclarer plus nettement catholiques à mesure que le catholicisme était plus persécuté (1), soit dans la jeunesse intelligente et lettrée, dont une fraction considérable, dégoûtée par les attaques systématiques d'une fausse science et par l'antichristianisme officiel, se porte davantage depuis quelques années vers les foyers de lumière et de charité créés par la religion. On me permettra de citer, sur ce sujet, des lignes éloquentes, qu'il adressait, à plus de quatre-vingts ans, à un ancien et savant confrère des conférences de Saint-Vincent de Paul :

« Ou je me trompe fort, ou les deux provinces les meilleures et les plus religieuses de France sont la Bretagne et l'Alsace, que j'ai habitées successivement. Hélas! l'une d'elles ne nous appartient plus que par le cœur. Ce matin même, à la table de famille, où j'avais deux de mes petits-enfants qui commencent à

____

1. Lettre du 17 avril 1876.

apprendre l'allemand, je leur disais, pour la leur faire traduire en français, la formule habituelle de salutation que j'ai entendue maintes fois de la bouche des paysans Alsaciens, lorsque je me croisais avec quelqu'un d'entre eux dans un chemin rural : *Gelobt sei Jésus Christus !* — Réponse : *In Ewigkeit !* Les plus jeunes, qui avaient appris le français dans les écoles, me disaient cela en français : « Loué soit Jésus-Christ ! » — Réponse : « A jamais ! » Indépendamment de l'intérêt éternel des âmes, près duquel toutes les choses de la terre ne sont rien, quelle noblesse et quelle poésie dans les coutumes religieuses des populations restées catholiques ! Le diable, qui n'a jamais été un *bon diable*, car il est sombre et triste, et qui, présentement, n'est pas du tout un *pauvre diable*, car il dispose de gros crédits budgétaires, s'efforce d'effacer le signe de la croix du front des Français pour y substituer le *signe de la bête*. L'outil le plus dangereux par lequel il insinue le poison est la mauvaise presse, y compris les écrits de l'académicien Renan, l'indigne Breton. Que de ravages chez les esprits peu instruits et imprudents! Mais, d'une autre part, il me semble que le retour vers les croyances religieuses s'accentue dans ce qu'on peut appeler l'aristocratie intellectuelle... Il nous suffit, mon cher confrère, d'interroger nos souvenirs personnels pour constater le très grand progrès religieux accompli depuis le temps de notre jeunesse. Dans les classes instruites, les croyants ne forment que la minorité, mais cette minorité n'est plus imperceptible comme autrefois, il s'en faut de beaucoup; elle est beaucoup moins timide dans l'affirmation de sa foi et dans l'accomplissement de ses devoirs religieux. Courage donc et confiance! dirais-je volontiers à ceux de nos confrères qui sont moins vieux que nous et qui auront encore, pendant de longues années, à soutenir le bon combat, à sauvegarder l'âme des chers pauvres et des enfants du peuple, à donner à tous l'exemple de la charité et de la bonne conduite, qui est la meilleure des prédications. Loué soit Jésus-Christ (1)! »

1. Lettre du 18 septembre 1890.

C'est un des sujets sur lesquels M. Lamache aime à revenir dans ses lettres. Un jour qu'un exemple de servilité officielle avait contristé ses regards : « Heureusement, écrit-il, cette servilité d'âme est plus rare chez les jeunes gens que chez les hommes faits. Présentement, à l'École normale, si je suis bien renseigné, le nombre des élèves catholiques de croyance et de pratique est plus grand qu'il n'a jamais été. Vingt-sept d'entre eux ont été assez zélés pour prendre part, durant le cours de l'année dernière, aux séances et aux œuvres de la conférence de Saint-Vincent de Paul de Saint-Médard (1). » Il constate le même fait pour l'École polytechnique : en 1825 ou 1826, on n'y comptait que deux ou trois élèves assez chrétiens pour faire leurs Pâques ; en 1890, quarante-quatre suivent les travaux de la conférence (2). « Dans la dernière entrevue que j'ai eue avec lui à Paris, à l'occasion du mariage d'un de ses fils, — nous écrit son neveu, — je vis tout son cœur briller dans ses yeux,

1. Lettre du 20 janvier 1890.
2. Lettre du 27 décembre 1890.

parce qu'il avait appris qu'une jeune con
rence de Saint-Vincent de Paul, recru
exclusivement dans les lycées de Paris, ven
de se fonder : « J'ai bien peu de temp
moi, me dit-il, mais mon plus grand désir
d'aller voir ces jeunes gens. » Son rega
s'étendait même plus loin que la France et q
Paris : « J'ai appris avec plaisir — écrivait
le 11 mars 1892, quatre mois et demi ava
sa mort — que quatre des six membres
l'École française de Rome font partie de
conférence de Saint-Louis des Français. J'
su cela par le père de l'un d'eux. » Voir gra
dir la chère Société, dont il avait été l'un de
fondateurs, fut une de ses plus douces et de s
dernières joies.

Mais cette joie resta toujours humble et sa
aucun retour personnel. J'ai dit plus haut qu
M. Lamache refusa de se rendre à Paris pou
assister aux noces d'or de la Société de Sain
Vincent de Paul. Une pudeur délicate lui faisa
couvrir d'un voile épais la part qu'il avait pris
à sa fondation. En 1888, le Conseil général d
la Société lui envoya deux exemplaires de

rtraits des fondateurs, l'un pour lui, l'autre
ur être offert au Conseil diocésain. Il ne put
décider à remettre l'exemplaire destiné à
lui-ci. « Je serais trop honteux, écrivit-il,
offrir en mon nom un groupe où je figure.
es confrères de Grenoble me voient en chair,
os et en défauts. Malgré leur très indul-
nte bienveillance, j'aurais grand besoin
être embelli à leurs yeux par le coup de
osse que la mort passe sur les endroits défec-
eux, en même temps qu'elle ouvre, hélas !
l'autre côté de la tombe le jugement de
icte et redoutable justice. » Tant que vécut
Lamache, le Conseil diocésain ne reçut pas
s portraits. Un autre et bien touchant témoi-
age de son humilité a été connu après sa
ort. Un publiciste distingué, qui habite
enoble, avait eu la pensée d'écrire la vie de
elques-uns des hommes dont s'honore le
uphiné. Une distribution de prix l'ayant
pproché de M. Lamache, il le questionna
roitement sur les souvenirs de sa jeunesse.
. Lamache, qui aimait à conter, ne vit pas le
ège, et se laissa surprendre. Mais, averti un

peu plus tard, il écrivit au journaliste, le
7 août 1889, cette belle lettre :

« Cher monsieur, avant-hier, lorsque vous
m'aviez demandé quel était le lieu de ma naissance, je vous ai répondu immédiatement sans
m'enquérir du motif de la question. Mais M. C...
vient de me dire que vous aviez le projet de
présenter au public les biographies sommaires
d'un certain nombre de Grenoblois vivants.
Votre question, rapprochée de ce dire de
M. C..., me fait craindre d'être au nombre des
Grenoblois visés par vous. S'il en est ainsi, je
vous prie aussi instamment que possible de
renoncer à votre projet pour ce qui me concerne. Lorsque je pris connaissance, dans la
livraison du *Clairon* que vous eûtes la bonté
de me faire parvenir, de la notice me concer-
nant, sans doute je fus très reconnaissant de
votre bienveillance et de vos amicales intentions; mais je ne peux pas vous dissimuler que
je rougis de confusion et que j'éprouvai un sentiment pénible à la lecture d'éloges tellement
exagérés qu'ils pouvaient produire un effet
tout différent de celui qu'en attendait votre

partiale amitié. Une seconde et plus ample ex-position de mon humble personne *coram populo* me causerait une vive contrariété. Spécialement j'éprouve une réelle souffrance lorsque des voix trop bienveillantes louent publiquement et avec excès la petite part que j'ai prise à l'œuvre des conférences de Saint-Vincent de Paul. Cet amical tapage de gloriole est absolument contraire à l'es-prit, aux traditions de la Société de Saint-Vincent de Paul, et il m'enlèverait, si je le prenais au sérieux, le peu de mérite que je peux avoir de-vant le bon Dieu. Veuillez attendre, cher mon-sieur, que je soisparti de ce monde. Mes soixante-dix-sept ans vous disent que ce ne sera pas long. Alors, si vous en avez l'occasion et s'il vous con-vient de donner à ma mémoire cinq ou six lignes de sympathie et de regret, écrites de votre beau style, ma famille et mes confrères ne pourraient que vous en savoir gré. Mais, je vous en supplie, laissez-moi passer dans l'obscurité qui me con-vient à tous égards les quelques années qui me restent pour me préparer à la mort (1). »

1. Lettre citée par M. Xavier Roux, dans le *Grenoblois*, 31 juil-let 1892.

Tout ce qui tendait à l'amélioration matérielle et surtout au bien moral des petits et des
humbles attirait l'attention de M. Lamache et
avait des droits sur son dévouement. Ayant
commencé, en 1876, son cours supplémentaire
de législation industrielle par deux leçons sur
les anciens corps de métiers, il rédigea ces
leçons en articles, qui parurent l'année suivante dans le *Contemporain* : et ce lui fut une
occasion de rendre publiquement hommage à
l'œuvre des Cercles catholiques d'ouvriers, fondée par M. de Mun. Celle-ci existait à Grenoble
depuis 1873. Là comme ailleurs, des officiers
chrétiens en avaient été les organisateurs. Le
premier orateur auquel ils aient fait appel fut
M. Lamache, dont la parole franche, populaire,
aisément vibrante, inaugura les conférences
adressées aux ouvriers. Quand un second cercle se créa dans un faubourg de Grenoble, c'est
encore M. Lamache qui fut invité à y discourir.
Il a laissé de cette séance un récit humoris-
tique :

« J'avais pris pour sujet cette question très
pratique : Qu'est-ce que l'honnête homme? Il

va de soi que l'honnête homme est celui qui
s'efforce de remplir tous ses devoirs : devoirs
envers soi-même, devoirs envers le prochain,
devoirs envers Dieu. Je craignais, en parlant
des devoirs envers Dieu, d'avoir éveillé peut-
être les susceptibilités d'un vieux général
retraité, qu'on avait invité à la réunion, et qui
est un brave homme, mais ne s'est guère occupé
jusqu'à présent de cette classe de devoirs.
« Bah ! me dit, à ce sujet, un colonel d'état-
major, très bon catholique, soyez sans aucune
inquiétude. Vous n'avez pas tiré droit contre le
général. Vous avez tiré en bombe. Tant pis
pour qui se trouve dessous. Le tir en bombe n'a
rien d'impoli. » J'ai beaucoup ri de cette manière militaire de parler. Elle a enrichi mon
vocabulaire de locutions pittoresques (1). »

L'œuvre des Cercles catholiques d'ouvriers
n'est pas la seule qui ait cherché l'appui et les
conseils de M. Lamache. L'illustre auteur de
la Réforme sociale, M. Le Play, avait été frappé
de la justesse, de la modération et de l'origi-
nalité des idées économiques contenues dans

1. Lettre du 5 janvier 1875.

les diverses études que M. Lamache avait
publiées. Il désira entrer en rapports avec le
savant professeur, et lui demanda de former à
Grenoble un groupe ou comité des *Unions de la
Paix sociale*. M. Lamache déclina l'invitation,
par modestie, et aussi par un sentiment très
juste, semble-t-il, des doctrines mêmes de
M. Le Play. Il répondit à celui-ci qu'il ne saurait appartenir à un étranger, implanté à Grenoble par les hasards de la vie officielle, mais
sans propriétés foncières et sans racines tra-
ditionnelles en Dauphiné, de prendre l'initiative d'une telle création. Mais, voulant témoi-
gner de ses sympathies pour l'effort tenté, il
envoya à l'*Annuaire des Unions*, en 1875 et
en 1876, deux courtes notices, l'une, que nous
avons déjà citée, sur la notion du respect,
l'autre où sont reproduits et commentés des
documents de haute portée et de grand exemple, les ordres du jour par lesquels Washing-
ton, pendant la guerre de l'indépendance américaine, rappelait énergiquement à ses soldats
les deuxième et troisième préceptes du Déca-
logue, c'est-à-dire l'interdiction du blasphème

et l'obligation du repos dominical. L'observation de ces préceptes fait les républiques prospères : leur violation ou leur mépris mène les républiques comme les monarchies à la ruine et à la honte.

Dans sa réponse à M. Le Play, M. Lamache s'excusait de ne pas tenter l'œuvre pour laquelle son concours était demandé, parce qu'il n'avait point de propriétés dans le pays. Ce sentiment se retrouve dans plusieurs de ses lettres : il regrette de ne pouvoir transmettre à ses enfants une terre, si modeste fût-elle, héritée des ancêtres et pleine encore de leur souvenir. Le même sentiment lui dicta la page charmante sur le *manoir*, que nous avons citée. C'est la seule aspiration qu'il ait jamais exprimée vers les biens de la fortune. Il les jugeait en chrétien, assez austère pour n'être pas tenté de leurs jouissances, assez sincère pour être effrayé de leurs périls. Un incendie causa un jour, à lui et à sa famille, de grandes pertes matérielles. Une dame étant venue le lendemain offrir ses condoléances, s'étonna du calme avec lequel il supportait cette épreuve, et ne put s'empêcher de lui exprimer son admiration. « Madame, répondit-il, entre tous les biens de la terre je place en première ligne la santé de l'âme ; puis je désire la santé du corps ; et je ne demande, ensuite, à Dieu que d'assurer à moi et aux miens le nécessaire. Je dis le nécessaire, — ajouta-t-il, — et non la richesse, car de celle-ci je ne voudrais à aucun prix : elle amène avec elle trop de dangers, et comme elle n'est, pour le chrétien, qu'un dépôt, la responsabilité qu'elle entraîne me ferait peur. »

C'est ainsi que cette âme d'élite comprenait « le grand sérieux de la vie chrétienne » dont parle Bossuet. Chez un homme auquel les peines ne furent pas épargnées et qui connut jusque dans la vieillesse les inquiétudes pour l'avenir ou la santé des siens, les déchirements des douloureuses séparations, ce « sérieux » eût aisément tourné en tristesse, — « sentiment inévitable chez l'homme vieux, que Dieu déracine de son passé et de la terre par la perte successive de ses frères et sœurs (1), » — sans l'énergique effort qu'il faisait pour réa-

1. Lettre du 30 juin 1875.

gir. Mais il tenait à dominer la mélancolie, à montrer à tous, et surtout à sa famille, un visage riant : « J'y prends garde, » disait-il, et il ajoutait : « Il n'est point bon, il n'est point sain pour la jeunesse d'être en contact avec un homme triste, morose, taciturne. Je ne veux pas que mes enfants conservent de moi un tel souvenir quand je serai parti (1). » Il puisait la force de cette inaltérable sérénité dans la prière humble et confiante. Quand sa sollicitude pour la santé ou le bien-être de ceux qui lui étaient chers le portait à demander à Dieu quelque grâce temporelle, il le faisait avec une entière soumission aux décisions de la volonté divine, comme avec une invincible espérance. « Je sais, écrivait-il, qu'on n'est jamais certain d'obtenir une grâce temporelle. Ce n'est pas que la prière bien faite puisse demeurer stérile. Elle est une semence qui fructifiera certainement : mais *il arrive souvent qu'au lieu de produire la récolte d'avoine qu'on espérait faire en ce bas monde, la semence donne une récolte de froment réservée*

____

1. Lettre du 1er décembre 1873.

15.

pour l'éternité (1). » C'était surtout le secours
spirituel qu'il demandait à Dieu dans ses épreuves. « Quand des accès de tristesse me viennent,
je les accepte comme une épreuve : ne me sentant bon à rien dans ces heures-là, je m'en humi-
lie devant le bon Dieu, et je confesse que par
mes fautes d'autrefois j'ai mérité cela, et bien
pis. Que de fois, me sentant triste, propre à
rien, porté au découragement, je me suis mis à
genoux pour réciter les litanies de la Sainte
Vierge : *Salus infirmorum ! Auxilium christia-
norum ! Consolatrix afflictorum !* Même ces touchantes invocations à la meilleure des mères,
et à une mère toute puissante, je les disais
quelquefois avec une sorte de dégoût; mais je
les disais cependant, je les disais avec volonté,
humilité, confiance, et je me relevais, sinon
toujours consolé d'une manière sensible, du
moins plus apte à l'accomplissement courageux
de mes devoirs (2). » Les consolations sensi-
bles, il ne les recherche pas, mais seulement
une direction et un secours : « Ni toi, ni moi, —

1. Lettre du 7 janvier 1885.
2. Lettre du 8 février 1876.

écrit-il à un très intime ami, — n'avons mérité les joies intérieures et les douces effusions de la charité que Dieu accorde (et encore pas constamment) aux âmes qui ont toujours été pures ou aux pénitents vraiment généreux. L'essentiel est de s'humilier, de se tenir devant Notre-Seigneur Jésus-Christ comme un pauvre mendiant, plein de confiance dans sa bonté, et d'être guidé principalement par le désir de lui plaire dans l'accomplissement des modestes devoirs de chaque jour (1). »

Mais c'est surtout à la fréquente réception des sacrements qu'il demandait lumière et force. Il se confessait très souvent, nous apprend le plus intime témoin de sa vie religieuse. Il commençait par un grand signe de croix, baisait le crucifix, joignait les mains, et presque toujours se mettait à pleurer. La confession achevée, il récitait l'acte de contrition à très haute voix. Le prêtre, en l'entendant, avait peine à dominer son émotion. Qui pourra dire combien d'âmes les conseils et l'exemple de M. Lamache ont conduites à cette

1. Lettre du 23 janvier 1878.

source de vie? De quel accent il en parlait! « Plus j'ai acquis, écrit-il, par mon expérience personnelle et par mes observations sur autrui le sentiment profond de l'infirmité de notre nature déchue, plus je suis reconnaissant envers le bon Dieu des moyens surnaturels et d'un si facile emploi qu'il a établis pour nous élever au-dessus de notre corruption propre en nous unissant à lui. J'éprouve un tel besoin et j'ai une telle habitude d'épurer, de maintenir et de fortifier en moi, par la religion et les sacrements, tous les sentiments qui font la dignité et la joie de l'âme humaine, affection conjugale, affection paternelle, amitié, charité envers les pauvres, patriotisme, zèle consciencieux dans l'accomplissement des devoirs professionnels, qu'en essayant, comme je le fais pour nos ouvriers des cercles catholiques, de propager ces mêmes convictions, j'ai la parfaite certitude de travailler au bonheur même temporel de l'individu et de la famille (1). »

« Quel bon ravitaillement des forces morales ! » s'écriait, tout à la fin de sa vie, M. Lama-

1. Lettre du 27 avril 1876.

che, au sortir d'une retraite. Il aimait à se retremper dans ces pieux exercices. « Nous avons fondé il y a quatre ans, dans notre maison de campagne, — écrit un vénérable religieux, — l'œuvre des retraites d'hommes. M. Lamache a été le premier à répondre à l'appel. Son exemple et ses conseils amenèrent bientôt d'autres retraitants : il a contribué beaucoup à la fondation de cette œuvre. Pendant la retraite son silence, son recueillement, son exactitude aux plus petits exercices produisaient une grande édification. Outre les exercices ordinaires de la retraite, il passait de longs moments devant le très-saint Sacrement. On aimait à s'approcher de lui pour l'entendre prier, car à son insu il priait assez haut pour être entendu. Les mains jointes, les yeux fermés, il répétait la même prière des centaines de fois : « Mon doux Jésus, je vous aime! Mon doux Jésus, pardonnez-moi mes péchés! Mon dous, bénissez ma femme! mon Jésus, bénissez mes enfants!... » Pendant les récréations, il ne parlait que de Dieu, de l'Église, des œuvres. Un jour, au dîner de clôture, son enthousiasme débordait. Se levant, il s'écria : « Messieurs, je suis si fier d'être catholique, que j'ai peur d'être obligé de m'en confesser ! » Ces paroles furent saluées par les applaudissements des convives. »

« J'essaie, dit-il dans une de ses lettres, en recourant plus fréquemment à la communion, qui est la vie de l'âme et le soutien de notre faiblesse, en m'occupant plus activement des pauvres et des ouvriers, et en leur donnant mes paroles, mes visites, mes témoignages d'affection, à défaut d'argent dont je ne peux leur donner qu'une si minime quantité, et surtout en supportant chrétiennement les épreuves de l'existence, j'essaie d'expier quelque peu mes péchés, d'utiliser spirituellement le petit nombre d'années qui me restent à vivre, d'arriver à aimer un peu Notre-Seigneur Jésus-Christ et la croix par laquelle il nous a sauvés, à condition que nous en supporterions volontiers une petite part (1). » Un jour qu'il avait senti peser plus lourdement sur ses épaules cette croix dont il acceptait sa part avec une

____

1. Lettre du 6 octobre 1877.

si touchante résignation : « *Fiat voluntas tua!* »
s'écria-t-il ; et il ajouta : « Il entre assez ordinairement dans les desseins de Dieu, pour
détacher peu à peu le vieil arbre de la terre,
de faire peser de fortes épreuves sur les dernières années du chrétien (1). »

Quand il traça ces lignes, si fermes de sentiment et d'expression, il avait quatre-vingt-un
ans. L'âge avait à peine effleuré sa pensée, toujours aussi maîtresse d'elle-même ; surtout son
cœur n'avait rien contracté de ce pli d'égoïsme,
parfois visible chez les vieillards. On jugera de
sa persistante jeunesse, en se reportant à la
lettre si vive et si spirituelle sur un des bas-
reliefs de Saint-Germain-des-Prés, dont nous
avons cité plus haut quelques pages (2) ; elle
est du 11 mars 1892 : M. Lamache avait alors
quatre-vingt-deux ans. « Oh ! que c'est bon de
rire, et que cela m'arrive rarement maintenant ! » dit-il en terminant cette lettre ; et il
ajoute, avec sa bonne grâce accoutumée : « C'est
pour prolonger cet éclair de gaieté, et dans

1. Lettre du 6 mai 1891.
2. Voir pages 19-24.

l'espérance d'appeler aussi le sourire sur vos lèvres, et de vous procurer un instant de joyeux repos, que je me suis amusé à vous conter cette drôlerie archéologique. »

Il semble qu'une âme de si haute vertu aurait dû envisager avec calme le passage à une autre vie. Mais, comme pour ajouter encore à ses épreuves et à ses mérites, Dieu a permis qu'il fût tourmenté souvent par cette pensée. Ayant été atteint d'une congestion à Strasbourg, il crut y voir le présage d'une mort subite, et sa conscience délicate se tint toujours en éveil. Dès lors, dans la récitation quotidienne du chapelet, il appuya davantage sur les derniers mots de l'*Ave Maria* : « *Ora pro peccatoribus, nunc et in hora mortis nostræ.* » Cependant, ce qui l'effrayait, ce n'était pas l'enfer ; mais il parlait souvent de ce qu'il appelait « la terrible liquidation du purgatoire », et il en avait une telle frayeur, que cette pensée le faisait quelquefois pâlir. Avec sa profonde humilité, son incessant désir de perfection, il parlait de lui-même comme d'un coupable ; c'est ainsi qu'il écrivait au lendemain d'une première communion : « Notre-Seigneur descendait pour la première fois dans l'àme innocente de mes petits-enfants, en même temps qu'il daignait se donner à un pauvre vieux pécheur. » Il demandait d'avance des prières à tous ceux qui l'avaient aimé : « Demain, la Toussaint et la fête des Morts! Qu'elle est longue, à notre àge, la liste des chers défunts pour qui l'on aime à prier nominativement! Le temps n'est pas éloigné où notre pauvre âme, à son tour, souhaitera d'être soulagée par les prières et les bonnes œuvres des amis et des parents qui auront survécu. Celui des deux, mon ami, qui survivra à l'autre accomplira dans toute son étendue ce devoir sacré de l'amitié (1). » Avec plusieurs de ceux à qui il ouvrait volontiers son àme, il fit ainsi des conventions de prières pour après la mort. Il ne pouvait s'empêcher de craindre la bonne opinion qu'il laisserait de lui-même; et il répétait, comme Ozanam, que les amis négligent quelquefois de prier pour les défunts, et leur font grand tort en les canonisant trop vite.

Comme il arrive pour les saines et vigou-

1. Lettre du 29 octobre 1875.

reuses vieillesses, la maladie le terrassa tout
à coup. Un léger malaise, que l'on croyait con-
juré, fut suivi d'une fluxion de poitrine, qui
devint promptement d'une extrême gravité.
Un des pauvres qu'il avait secourus implora
comme une faveur de venir le veiller. Pour
lui, sans avoir senti le déclin, il comprit que
la vie se retirait. Il demanda tout de suite les
sacrements. Comme le lui avait prédit son confesseur, toute crainte de la mort s'était éva-
nouie. Il passa dans le calme et la sérénité ses
dernières heures, demandant, avec sa profonde
humilité, « comment Dieu le recevrait, lui, un
misérable, qui n'avait rien fait pour son service, » mais en même temps plein de confiance dans la miséricorde divine, « répondant
aux prières, et invoquant jour et nuit *le bon
Jésus* tout haut et si constamment qu'il me
semble toujours l'entendre, » écrit sa noble et
courageuse femme. Le 28 juillet 1892, Dieu recevait cette âme qui l'avait si bien servi.

Les éloges que M. Lamache avait redoutés et écartés de son vivant éclatèrent autour de son cercueil. Sa mort fut un deuil pour les pauvres, qu'il avait tant aimés, et qui manifestent leur reconnaissance en portant encore des fleurs sur sa tombe ; mais elle fut aussi un deuil pour la ville de Grenoble, où, à l'exemple du divin Maître, il avait passé en faisant le bien. Les témoignages en vinrent de toutes parts : il serait injuste de ne pas rappeler le discours très digne, et d'un accent vraiment chrétien, que prononça à ses obsèques le doyen de la Faculté de Droit, son ancien élève. Un tel langage est devenu rare dans une allocution officielle, et mérite d'être signalé. Un grand nombre de journaux consacrèrent à M. Lamache une notice plus ou moins étendue, où sa part dans la fondation de la Société de Saint-Vincent de Paul est rappelée. Je citerai, en particulier, la page émue publiée par M. Xavier Roux dans *le Grenoblois*, la très délicate notice de M. Gustave de Dartein dans la *Revue catholique d'Alsace*, et un bel article du *Monde*, dû à la plume d'un savant professeur de l'Université. Mais M. Lamache méritait qu'on

essayât de tracer de lui une image plus complète, ou plutôt qu'on le laissât se peindre lui-
même, en empruntant les traits du tableau à
sa correspondance, véritable trésor de la
famille et de l'amitié, où se versa jour par jour
cette âme si sincère. Un jésuite de Lille, le père
Enguerrand, mort récemment, et qui avait été
le camarade de M. Lamache au collège de
Rouen, avait pour lui une telle vénération,
qu'il avait copié sur un cahier toutes les lettres
que celui-ci lui avait écrites autrefois. « Souvent, disait-il, j'ouvre dans ma cellule ce vieux
cahier, et j'y retrouve l'empreinte d'une des
plus belles intelligences et d'un des plus grands
cœurs que j'aie connus. » Cette impression sera,
croyons-nous, celle de quiconque lira les pages
qui précèdent : elles ont été écrites moins
encore pour rendre hommage à une belle vie
que pour en répandre les exemples.

Le nom modeste de M. Lamache se place
parmi ceux des illustres catholiques dont il fut
le compagnon d'armes et de jeunesse, et auxquels il a survécu. Avec eux, il a combattu pour
la foi : moins qu'eux, il a connu les récompenses

du succès et les sourires de la gloire : mais il a
droit, comme eux, à cet éloge que Pie IX faisait
un jour de Montalembert : *Era un vero cam-
pione*.

TABLE DES MATIÈRES

IMP. NOIZETTE, 8, RUE CAMPAGNE-PREMIÈRE, PARIS.